助かったよ から

ゼロから

日・英くらべてわかる

英会話

日本人が毎日よく使う
場面別 日 英 フレーズ
365組

山崎　祐一
Yamasaki Yuichi

Jリサーチ出版

はじめに

発想の転換でカンタン英会話！

　「おじょうずですね」、「水くさいな」、「目が点」、「何様のつもり？」、「私、雨女なんですよ」… このように私たちが日常頻繁に使っている日本語独特の会話表現を、英語では何と言って表現したらいいのかと、大学生や社会人の人たちによく尋ねられます。日本語で日頃何気なく使っている「おつかれさまでした」や「よろしくお願いします」ですら、英語ではどう言うのか分からず、もどかしさを感じる日本人は多いようです。でも、実は、ちょっとした発想の転換をすることで、簡単な文章を使って言い表すことができます。**日本語を英語に無理やり当てはめようとせずに、英語の思考回路に沿った形で表現**することが大切です。

　例えば、日本語では、相手に褒められたりお世辞を言われたりしたとき、「おじょうずですね」という表現を使い、軽く笑いながら相手からの褒めをかわしますが、英語の思考回路では、例えばYou're too kind. という表現を用い、「あなたは（そんなに褒めてくれて）親切すぎる」、つまり「そんなことないですよ」と謙遜します。文字通りYou're just saying that.（あなたはただそう言っているだけでしょう）と言うこともできますし、「お世辞を言う」という意味の動詞flatterを使い、You flatter me. とか、Thank you for the compliment.（お褒めの言葉をありがとうございます）と言うことも可能です。

　また、日本語には「雨男」「雨女」のように英語には置き換えられない語句があります。「僕、雨男なんですよ」をI'm a rain man.と日本語の通りにそのまま訳して言っても全く意味は伝わりません。そもそも「雨男」「雨女」という考え方が英語圏文化には存在しないからです。例えば、英

2

語ではI always bring bad weather.（僕［私］はいつも悪い天気を持ってきてしまう）と発想します。

　このような日本語独特の日常表現は、**発想をちょっと変えるだけで、中学校で習う単語を使って十分表現できる**のです。発想を転換することで、英語の性格を知り、目的や場面、状況に応じたナチュラルな英会話が話せるようになります。

「話す力」と「聞く力」を同時に伸ばす

　本書は、表現方法や文化の違いを学びながら、日常よく使っている日本語独特の表現を、**少しずつ英語で言えたり聞き取れたりできるようになる**ための１冊です。日常生活で頻繁に使う日本語のフレーズを、直訳ではなく、通じる自然な英語として、目的や場面、状況別に365のフレーズで紹介します。日本語との比較を通して、英語表現のイメージトレーニングをします。「日本語を聞く（見る）」⇒「英語で言う」⇒「リスニングで確認」というシンプルな学習法です。

　英語の基本は音読です。**音読なくして英会話の上達はあり得ません！**付属のＣＤや無料ダウンロードの音声を参考にすることが上達のポイントです。巻末にはそれぞれの英語フレーズに、初心者の方のために英語の**発音にできる限り近いカタカナ表記**を付けたものを載せています。普通のカタカナ表記とは違い、実際に発音力が伸びたという研究データも報告されています。つながる音や消える音も意識しながら練習すると、発音はもちろん、**リスニングにも効果**が現れます。

　このプロセスを繰り返すことによって、日本語を考えずに、英語が少しずつ口から出てくるようになります。英語の上達に年齢は関係ありません！毎日無理なく楽しみながら練習をすれば、あなたも必ず英会話上手になれるのです。

山崎 祐一

Contents

本書の 使い方

CD・DL 音声
見出しフレーズの音声を
日本語→ポーズ（約4秒）→英語
の順に収録しています。

Unit 2：外出先でのあいさつ

フレーズ ⑩ 🔊 Track 02

● おじゃまします。

🇺🇸 **This is a nice house you've got.**

日 英 くらべて わかる

人の家を初めて訪れたときは、日本語で「おじゃまします」というのと同じタイミングで「素敵なおうちですね」などと言って、その人の家のことを褒めます。

言い換え表現 **Thank you for inviting me.**
（ご招待ありがとうございます）

1

よく使う日本語表現と 自然な英語フレーズ

日本語表現と、英語圏（特にアメリカ）の発想に切り替えた英語のフレーズを表示しています。フレーズによっては、文化の違いにより全く異なる意味になっているものもあります。（☞「日英くらべてわかる」を参照）

フレーズ ⑪

● ご無沙汰しております。

🇺🇸 **It's been a long time.**

日 英 くらべて わかる

「過去から今まで長い時間が経っていますね」という意味で、It's been a long time. と言います。過去から現在までのことには現在完了形（It has been[It's been]）を使います。

関連表現 **Long time no see.** （久しぶりですね）
Good to see you again. （再会できて嬉しいです）

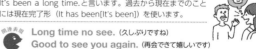

---

2 「日英くらべてわかる」解説

日本語・英語のフレーズの意味や使用場面、また日本語と英語の発想の違いを詳しく解説しています。この説明を読んでから、英語のフレーズを覚えるとよいでしょう。

Unit 1 2 3 4 5 6 7 8 9 10 11 12 13 14 15 16 17 GOAL!

フレーズ⑫

● よろしくお願いします。

Thank you for your understanding and cooperation.

日英 くらべてわかる

「ご理解とご協力(your understanding and cooperation)を ありがとうございます」と具体的なお願いを言います。初対面 時の「よろしくお願いします」は、Nice to meet you. です。

 言い換え表現 I appreciate your continued support.
(今後ともどうぞよろしくお願い申し上げます)

フレーズ⑬

● 恐れ入ります。

I really appreciate it.

日英 くらべてわかる

相手に何かをしてもらったあとに言うひと言「恐れ入ります」 は感謝の言葉ですね。ここでは「感謝する」という意味の動詞 appreciate を使ってみましょう。

 言い換え表現 Much appreciated. (感謝します)
I'm sorry, but.... (申し訳ないのですが…)

17

CHAPTER 1 定番のフレーズ

3
場面のイラスト

フレーズの使用場面をイラ スト化したものを掲載してい ます。まずはイラストを見て、 場面を想像してみましょう。

4
「日英くらべてわかる」 言い換え表現

見出しフレーズを言い換えら れる同義表現を表示していま す。ほかにも、フレーズによっ ては以下の2種類の表現を掲 載しています。

●意味が異なるものの、似た 場面で使うことが多い「関 連表現」
●見出しの英語フレーズの使 用例を表示した「使ってみ よう！」

【音声・ダウンロードについて】

音　声　の　内　容

見出しフレーズ365（日本語→ポーズ→英語）

※日本語の後に自分で声に出して英語を言う練習ができます。

音声ダウンロードのしかた

STEP 1 **音声ダウンロード用サイトにアクセス!**

※https://audiobook.jp/exchange/jresearch
を入力するか、右のQRコードを読み取ってサ
イトにアクセスしてください。

STEP 2 **表示されたページから、audiobook.jpへの
会員登録ページへ！**

※音声のダウンロードには、オーディオブック配信サービス
audiobook.jpへの会員登録（無料）が必要です。すでに、
audiobook.jpの会員の方はSTEP3へお進みください。

STEP 3 **登録後、再度STEP1のページにアクセスし、
シリアルコードの入力欄に「25045」を入力後、
「送信」をクリック！**

※作品がライブラリに追加されたと案内が出ます。

STEP 4 **必要な音声ファイルをダウンロード！**

※スマートフォンの場合は、アプリ「audiobook.jp」の案内
が出ますので、アプリからご利用ください。
※PCの場合は、「ライブラリ」から音声ファイルをダウンロー
ドしてご利用ください。

ご注意！

●PCからでも、iPhoneやAndroidのスマートフォンやタブレットから
でも音声を再生いただけます。
●音声は何度でもダウンロード・再生いただくことができます。
●本サービスは予告なく変更・終了する場合があります。
●ダウンロード・アプリについてのお問い合わせ先：info@febe.jp
（受付時間：平日の10時～20時）

Chapter 1

★ ★ ★

定番のフレーズ

フレーズ ① ～ ㉒

Track
[01 🔊 03]

家族とのあいさつ

　日本語では食事の最初や最後に「いただきます」「ごちそうさまでした」という決まり文句を使いますが、英語にはそのような定型表現はないので、例えば、It looks good.（美味しそう）とか It was delicious.（美味しかった）と、自分の気持ちをそのまま言葉にして表現します。

　相手が出かけるときに言う「いってらっしゃい」も、英語では Have a nice day.（いい一日を過ごしてね）と、その人に対する好意的な思いを表現します。日本語では定型のあいさつでも、自分の気持ちを言葉でアピールする、というのが英語流です。

 フレーズ① 🔊 Track 01

● いただきます。

⬇

🇺🇸 Everything looks delicious.

 日 英 くらべてわかる

英語には日本語で言う「いただきます」という定型表現がないので、「料理が全部美味しそうに見える」と、その料理について褒めたり、感謝の気持ちを表現したりします。

言い換え表現 Smells good.（いい匂いですね）
You're such a good cook.（お料理上手ですね）

フレーズ②

🔴 ごちそうさまでした。

🇺🇸 Thank you for the wonderful dinner.

日 英 くらべてわかる

夕食であれば、料理を作ってくれた人や、レストランでおごってくれた人に対して、「素晴らしい夕食をありがとう」と感謝の気持ちを伝えましょう。

言い換え表現 **It was a wonderful dinner.** （すばらしい夕食でした）
Everything was delicious. （何もかもおいしかったです）

フレーズ③

🔴 いってらっしゃい。

🇺🇸 Have a nice day.

日 英 くらべてわかる

家族が家を出るときのあいさつは、知人と別れるときやお客さんが立ち去るときのあいさつと同じで、「いい日を過ごしてね」と言います。

言い換え表現 **Drive carefully.** （運転気をつけてね）
Have fun. （楽しんで）

CHAPTER

1 定番のフレーズ

フレーズ④ 🔊 Track 01

 いってきます。

🇺🇸 **See you later.**

日英 くらべてわかる

自分が家を出るときの家族とのあいさつは、英語ではお別れの
あいさつと同じです。(I'll) see you later. や Bye. と言います。

言い換え表現 **Wish me luck.** （がんばってくるよ、幸運を祈ってて）

フレーズ⑤

 ただいま。

🇺🇸 **I'm home.**

日英 くらべてわかる

英語では、家に帰ってきたときに「ただいま」に当たる特別な表
現はありません。I'm home. は「私は家にいる」、つまり「帰宅
した」ということです。Hi! や Hello! を言うだけでも大丈夫です。

関連表現 **Hi, Mom.** （ただいま、お母さん）

フレーズ ⑥

 ● おかえり。

 Hi! How was school?

— 日 英 くらべてわかる —

「ただいま」の I'm home. や Hi! に対して、「おかえり」も Hi! と返しますが、例えば、How was school?（学校はどうだった？）と続けて言ったりします。

言い換え表現 **Hi! How was your day?**（おかえり、どんな一日だった?）
Hi! How was work today?（おかえり、今日の仕事はどうだった?）

CHAPTER 1 定番のフレーズ

家族同士で I love you.

　アメリカでも家族間のあいさつは欠かしません。日本語の「いってきます」「いってらっしゃい」と同じように、お互いに声をかけ合います。ただ、日本語と決定的に違うのは、家族同士の愛情表現。英語では親子や夫婦で I love you. と、まるであいさつのように言葉で伝え合います。出かけるときや電話を切る間際、またプレゼントを渡すときなど、照れくささはまったく感じられません。これは、子どもが大人になってからもずっと続きます。「愛してるよ」などとあまり言葉にしない日本文化。I love you. は簡単な英語ですが、日本人には表現する難しさがありますね。

Column 1

外出先でのあいさつ

人を送り出すときに言う「お気をつけて」は、Be careful. ではありません。お別れの言葉と同じ Take care. や See you. を使ってみましょう。「運転お気をつけて」は Drive carefully. や Drive safely. です。

「ご無沙汰」とか「久しぶり」という英語はありません。It's been a long time.（長い時間が経ちました）や Good to see you again.（またお会いできて嬉しいです）、または Long time no see.（ずっとお会いしていませんでしたね）など、家族のあいさつ同様、気持ちをそのまま伝えましょう。

フレーズ ⑦　🔊 Track 02

🔘 いつもお世話になっております。

⬇️

🇺🇸 I hope everything's going well with you.

 日 英 くらべてわかる

英語では「お世話」などという言葉は使わず、「あなたについて (with you) すべて順調にいっている (everything's going well) ことを願います (I hope)」のように表現します。

 関連表現　**I hope this email finds you well.**
（[E メールでのあいさつとして] いつもお世話になっております）

フレーズ⑧

● おかげさまで。

 I was just lucky.

日英 くらべてわかる

日本語では、「おかげさまで」は「自分の実力ではなく、運や周りの人たちのサポートのおかげで」という意味です。この場合、英語では「運がよかっただけです」と謙虚に言うことができます。

言い換え表現 Thanks to you.（あなたのおかげです）

フレーズ⑨

● お気をつけて。

 Take care.

日英 くらべてわかる

お別れの挨拶としてSee you.（またね）と同じように使えますが、Take care.は相手に対する思いやりが感じられます。「注意して！」と相手に注意を喚起するときはWatch out.です。

関連表現 Take care of yourself.（お体に気をつけて）
Take it easy.（無理しないでね）

CHAPTER 1 定番のフレーズ

フレーズ ⑩ 🔊 Track 02

 おじゃまします。

⬇️

🇺🇸 This is a nice house you've got.

日 英 くらべて わかる

人の家を初めて訪れたときは、日本語で「おじゃまします」というのと同じタイミングで「素敵なおうちですね」などと言って、その人の家のことを褒めます。

言い換え表現 Thank you for inviting me.
（ご招待ありがとうございます）

フレーズ ⑪

 ご無沙汰しております。

⬇️

🇺🇸 It's been a long time.

日 英 くらべて わかる

「過去から今まで長い時間が経っていますね」という意味で、It's been a long time. と言います。過去から現在までのことには現在完了形（It has been[It's been]）を使います。

関連表現 Long time no see.（久しぶりですね）
Good to see you again.（再会できて嬉しいです）

フレーズ⑫

● よろしくお願いします。

🇺🇸 Thank you for your understanding and cooperation.

─ 日 英 くらべてわかる ─

「ご理解とご協力(your understanding and cooperation)を
ありがとうございます」と具体的なお願いを言います。初対面
時の「よろしくお願いします」は、Nice to meet you. です。

言い換え表現 I appreciate your continued support.
(今後ともどうぞよろしくお願い申し上げます)

CHAPTER 1 定番のフレーズ

フレーズ⑬

● 恐れ入ります。

🇺🇸 I really appreciate it.

─ 日 英 くらべてわかる ─

相手に何かをしてもらったあとに言うひと言「恐れ入ります」
は感謝の言葉ですね。ここでは「感謝する」という意味の動詞
appreciateを使ってみましょう。

言い換え表現 Much appreciated. (感謝します)
I'm sorry, but.... (申し訳ないのですが…)

フレーズ ⑭ 🔊 Track 02

お心遣いをありがとうございます。

Thank you for your concern.

日 英 くらべてわかる

「〜をありがとう」という感謝の気持ちはThank you for 〜.で表せます。concernには「配慮」「関心」「心配」などの意味があります。この場合、「ご配慮をありがとうございます」ということです。

言い換え表現 **Thank you for thinking of me.**
（私のことを考えてくれてありがとう）

「よろしくお願いします」は なにをお願いしている?

　日本語では、メッセージの最後に「よろしくお願いします」とよく言い添えますが、いったい何をどうよろしくお願いしたいのかは、極めて曖昧なときがあります。英語では、例えば、Thank you for your understanding.（ご理解をありがとうございます）とか Thank you for your support.（ご支援をありがとうございます）のように、お礼の表現を使えばいいでしょう。

Column 2

Unit 3 お礼・感謝

英語でお礼を言うときには、日本語のように「どうも、どうも」や「この間はどうも」など、何度も繰り返しては言いません。その代わりに、Thank you for your time.（お時間をありがとう）とか Thank you for your help.（手助けをありがとう）のように、for の後ろに具体的な感謝の内容を示して丁寧さを表します。

好意的な申し出については、変に遠慮せずに、Thank you. I'll take you up on that.（ありがとう。ではお言葉に甘えて）と笑顔でお礼を言いましょう。

フレーズ⑮ 🔊 Track 03

● お言葉に甘えて。

🇺🇸 I'll take you up on that.

― 日英 くらべてわかる ―

相手の提案を喜んで受けるときに使いましょう。「甘え」に当たる的確な英語はありません。take up は「〜に応じる」という意味です。

言い換え表現 If you say so.（そうおっしゃるのであれば）
If you insist.（そこまでおっしゃるなら）

19

フレーズ⑯ 🔊 Track 03

 お気持ちだけいただいておきます。

 No, thank you, but I appreciate the thought.

─ 日 英 くらべてわかる ─

英語では「その思い(the thought)に感謝します(I appreciate)」という発想です。No, thank you.を「結構です」と訳すとちょっとぶっきらぼうに聞こえますが、英語では丁寧な断り方です。

関連表現 Thank you, but you really don't have to.
（どうも、でもそこまでしなくてもいいですよ）

フレーズ⑰

 その言葉そのままお返しします。

 Right back at you.

─ 日 英 くらべてわかる ─

例えば、「料理上手ですね」と褒められたあとに、「あなたのほうが上手です」という意味で返すひと言です。褒められた言葉を「あなたに(at you)そのまま返す(right back)」ということです。

関連表現 Thank you, but I'm not as good as you are.
（どうも、でもあなたほどではありません）

 フレーズ⑱

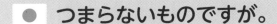 ● つまらないものですが。

Here's a little something for you.

日 英 くらべてわかる

日本語では、贈り物をするときに「つまらないもの」と謙遜しますが、英語では「あなたへのちょっとしたもの(a little something for you)」とシンプルに言います。

関連表現 I hope you like it.
（気に入ってもらえたら嬉しいです）

 フレーズ⑲

 ● 助かったよ。

Thank you. It was a great help.

日 英 くらべてわかる

「助かった」は「大きな手助け(great help)」とイメージしましょう。You saved my life.は文字通りには「命を救った」ですが、「本当に助かりました」と感謝の言葉でもあります。

言い換え表現 You helped me a lot.
（たくさんお世話になりました）

フレーズ⑳ Track 03

● 勉強になります。

↓

🇺🇸 I learned something new.

日英 くらべてわかる

相手が話してくれる情報がたくさんあって、ためになるときには、英語では「新しい何か (something new) を学んだ (知った) (learned)」と発想します。

 That's very useful.（とても役に立ちます）
I can learn a lot from you.（あなたから多くのことを学ぶことができます）

フレーズ㉑

● 恩にきます。

↓

🇺🇸 I owe you one.

日英 くらべてわかる

owe は [オウ] と発音しますが、日本語の「負う」と発音も意味もよく似ていて、「私はあなたに１つ負っている（借りがある）」という発想です。

 I really appreciate it.
（本当に感謝します）

フレーズ㉒

● ご多用の中ありがとうございます。

🇺🇸 **Thank you for taking your precious time for us.**

🇯🇵🇺🇸 くらべてわかる

出向いてくれたお客さんに対して、日本語では頻繁に使う丁寧表現ですが、英語では「私たちのためにあなたの貴重な時間を割いてくれてありがとうございます」と発想します。

言い換え表現 **Thank you for your time. I know you have a busy schedule.**
（お時間をありがとうございます。お忙しいスケジュールだと承知しております）

英語のあいさつは気持ちをそのまま伝える

　「お待たせしました」という日本語のお決まり表現は、「遅れて申し訳ない」と謝罪の気持ちを表すときは、I'm sorry I'm late.ですが、待ってくれていたことに対する感謝の気持ちを表現するのであれば、Thank you for waiting.とかThank you for your patience.です。　「お邪魔しました」と退出するときも、仕事の妨げになったかもしれないと謝るのであれば、I'm sorry to bother you.、自分のために時間を使ってくれたことに対するお礼であれば、Thank you for your time.などを使います。日本語ではかしこまった定型あいさつ表現も、英語ではその場の気持ちをそのまま言葉で表現する場合が多いのです。

Column 3

CHAPTER **1** 定番のフレーズ

会話で
使おう！

日・英フレーズ
おさらいクイズ!!

学んだフレーズを使って、
下線が引かれた日本語を英語で言ってみよう！

---- Q1 ----

A：もしもし。

B：風邪引いたんだって？ 僕に言ってよ！
水くさいな！ 飲み物と食べ物をドアノブに
かけておいんだけど、とってくれた？

A：うん、助かったよ。

---- Q2 ----

A：先生、大変ご無沙汰しております。

B：久しぶりですね。
お仕事の調子はいかがですか。

A：まずまずです。
学生のころ、先生に教えていただいた
社会の知識が、今役に立っております。
ありがとうございます。

Answers: **A1.** Thank you, it was a great help.　**A2.** It's been a long time.

A1：フレーズ19（P21）／**A2**：フレーズ11（P16）

Chapter 2

★ ★ ★

返事のひとこと

フレーズ 23〜70

Track
[04 ◀)) 09]

Unit 4
リアクション・あいづち
p26

リアクション・あいづち

リアクションやあいづちは会話のクッションのようなものです。「ああ言えばこう言う」という決まった表現を覚えておくと、とても会話がスムーズになります。

例えば、I feel sick.(体調悪くて)と言われれば、Oh, no.(あら、それは大変)と言ってみたり、You should take it easy.(無理しないように)と言うなど、ひと言添えるだけで豊かなコミュニケーションにつながります。

英語圏は言葉に頼る文化です。思いを表情に表し、言葉には言葉で返すように心がけましょう。

フレーズ㉓　🔊 Track 04

● あちゃー。

⬇

🇺🇸 Uh-oh.

日 英 くらべてわかる

例えば、物を壊したり、間違いをしたり、ウソがばれたりなど、何か過ちを犯した瞬間の「あちゃー」とか「しまった」と言いたいときはよくUh-oh.と言います。アクセントに注意しましょう。

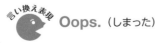言い換え表現 Oops.（しまった）

フレーズ㉔

● いえいえ、こちらこそ。

🇺🇸 I should be the one thanking you.

 日 英 くらべてわかる

相手に Thank you. と感謝の意を示されたあとは、英語では「私があなたに感謝する人であるべきです」と、こちらの感謝の気持ちを伝えます。

言い換え表現 **No. Thank YOU.**（こちらがあなたに感謝しないといけません）
＊YOU を強く発音

CHAPTER **2** 返事のひとこと

フレーズ㉕

● お互い様ですよ。

🇺🇸 We help each other.

 日 英 くらべてわかる

英語では、文字通り「私たちは (we) お互いを (each other) 手助けする (help)」とストレートに言います。「持ちつ持たれつですよ」という日本語にも当たります。

関連表現 **Join the club.**（私も同じですよ）
It's both our faults.（私たちお互いのせいよ）

フレーズ㉖ 🔊 Track 04

● かもね。

🇺🇸 Could be.

──日英 くらべてわかる──

相手が言ったことに対して、「それはあり得る話だね」と言いたいときのひと言ですが、英語も短く言えます。couldはcanの過去形ですが、この場合、過去の意味はありません。

言い換え表現 **Maybe.**（多分ね）
Might be.（あり得るね）

フレーズ㉗

● ごもっともです。

🇺🇸 I totally agree.

──日英 くらべてわかる──

「私は(I)あなたの意見に完全に(totally)同意します(agree)」と発想します。Exactly.は「正確に」という意味ですが、相手に「おっしゃる通り」と100％同意するときに使います。

言い換え表現 **That's true.**（それは本当です）
You're absolutely right.（あなたは絶対に正しい）

フレーズ㉘

🔴 最悪！

⬇

🇺🇸 **It sucks!**

🇯🇵日 🇺🇸英 くらべてわかる

suckは、例えば赤ちゃんが指を「しゃぶる」とかおっぱいを「飲む」「吸う」という意味がありますが、「最悪」とか「最低」という俗っぽい意味でも使います。少し荒っぽく聞こえるときもあります。

言い換え表現 **It's a nightmare.**（悪夢だ）
It's a disaster.（災難だ）

フレーズ㉙

🔴 たいしたことないよ。

⬇

🇺🇸 **Big deal.**

🇯🇵日 🇺🇸英 くらべてわかる

big dealは、本来「たいしたものだ」「そりゃすごい」という意味なのですが、「それがどうしたと言うんだ。たいしたことないよ」と反対の意味でよく使われます。

言い換え表現 **It's no big deal.**（たいしたことないよ）
No sweat.（かんたんなことさ）

CHAPTER **2** 返事のひとこと

フレーズ ㉚　🔊 Track 05

● やばい！

⬇

🇺🇸 **I messed up!**

日 英 くらべてわかる

「やらかした」のように自分がしくじったときの表現です。「困ったことになった」という意味ではI'm in trouble!、「すごい！」という意味での「やばい！」はAwesome!やIncredible!です。

言い換え表現 **I goofed!**（やばい！）
I screwed up!（やらかした！）

フレーズ ㉛

● 本当によかったね。

⬇

🇺🇸 **I'm so happy for you.**

日 英 くらべてわかる

相手に何か喜ばしいことがあったときに、英語では「あなたのために(for you)私もとても嬉しい(I'm so happy)」、つまり「自分のことのように嬉しい」と発想します。

関連表現 **Congratulations!**（おめでとう！）
I'm glad to hear that.（それを聞いて嬉しいです）

フレーズ ㉜

🔴 喜んで。

⬇️

 I'd be happy to.

━ 🇯🇵🇬🇧 くらべてわかる ━

例えば、何かを手伝ってほしいと頼まれた場合に、「喜んで（お手伝いします）」と言いたいときに使います。その場合、toの後ろにはhelp youが省略されています。

 言い換え表現 **I'd be glad to.**（喜んで）

フレーズ ㉝

🔴 心中お察しいたします。

⬇️

 I know how you feel.

━ 🇯🇵🇬🇧 くらべてわかる ━

「あなたがどう感じているか(how you feel)、私にはわかります(I know)」と発想します。相手が辛い思いをしていたり、ふさぎ込んでいたりするときにかけてあげる思いやりのひと言です。

言い換え表現 **I'm sorry to hear that.**（お気の毒に存じます）

フレーズ ㉞　🔊 Track 05

● まあ、いろいろあってさ。

🇺🇸 **It's a long story.**

── 日 英 **くらべてわかる** ──

「いろいろあって話すと長くなる」ととらえ、英語では a long story と言います。それに対しては、I'm all ears.（ちゃんと聞くから話してみて）と返しましょう。

関連表現　**I'd rather not talk about it.**
（できたら話したくない）

フレーズ ㉟

● ほらね。

🇺🇸 **See?**

── 日 英 **くらべてわかる** ──

相手が自分の忠告に従わず、思い通りの結果が得られなかったときに、「見てごらん」「だから言わんこっちゃない」と言いたいときに使えるひと言です。

関連表現　**I told you!**（だから言ったでしょう！）

フレーズ㊱

● まさか！

⬇

🇺🇸 Can't be!

─ 日英 くらべてわかる ─

信じられない出来事が起こったときに使う驚きを表す表現で、It can't be true.（それは本当のはずがない）の省略形です。「そんな〜！」とか「ありえない！」という日本語にも当たります。

言い換え表現 Impossible!（ありえない！）

フレーズ㊲

● ご冗談を。

⬇

🇺🇸 You must be kidding.

─ 日英 くらべてわかる ─

「冗談」というとjoke（ジョーク）という言葉もありますが、kidは「冗談を言う」とか「からかう」という略式の単語です。文字通りには、「あなたは冗談を言っているに違いない」となります。

言い換え表現 You're kidding me, right?
（冗談でしょう？）

CHAPTER **2** 返事のひとこと

フレーズ ㊳ 🔊 Track 06

 ウソつけ！

⬇

 Get out of here!

日 英 くらべてわかる

Get out of here. は、文字通りには、「ここから出て行け」という意味ですが、日常会話では、相手から信じられないことを聞き「ウソだろう！」「ウソつけ！」と驚きの気持ちを表す表現です。

言い換え表現 **No way!**（ありえない！）
You've gotta be kidding!（冗談でしょう！）

フレーズ ㊴

 かわいそうに。

⬇

 Poor thing.

日 英 くらべてわかる

poorは「貧しい」という意味でよく使いますが、「かわいそう」という同情の意味もあります。置かれている状況が惨めだったり不幸だったりする人に対して同情の気持ちを表すひと言です。

関連表現 **Poor guy.**（かわいそうなやつだ）
He's pathetic.（彼は哀れだ）

フレーズ ㊵

 まあ、いいけど。

🇺🇸 It doesn't matter anyway.

CHAPTER 2 返事のひとこと

── 日 英 **くらべてわかる** ──

matter（重要である）、anyway（どっちみち、どうせ）を使って、「どっちみち(anyway)それは重要ではない(it doesn't matter)」という発想です。

言い換え表現 **I don't care.** （どうでもいいよ）

フレーズ ㊶

 まじか〜。

🇺🇸 Oh, my gosh.

── 日 英 **くらべてわかる** ──

my goshはmy godの間接的な言い方で、「あぁ、神よ！」が転じて「なんてことだ」という意味になります。意外なことを見聞きしたときに、「うわ〜、大変」という気持ちを表すひと言です。

関連表現 **Oh, my goodness!** （なんてことだ！）
That sucks. （ああ、大変）

フレーズ ㊷ 🔊 Track 06

 🔴 **よっしゃー！**

⬇

🇺🇸 **All right!**

日英 くらべてわかる

all rightは「わかった」や「大丈夫」のほかに「よし！」という意味があります。rightの方を強く発音しましょう。Come on!とかLucky me!（よっしゃー、ついてる！）と言ったりもします。

言い換え表現 **I did it!** （やった！）
Yes! （よし！）

フレーズ ㊸

🔴 **いいなあ。**

⬇

🇺🇸 **Lucky you.**

日英 くらべてわかる

相手に何かいいことがあり「よかったね」「君、ついてるね」「運のいいやつだ」などと言いたいときに使う表現です。

言い換え表現 **I'm jealous.** （うらやましい）
You are a very lucky man (woman)! （あなたはとても運がいい人だね!）

フレーズ ㊹

🔴 ● ダメだ、こりゃ。

🇺🇸 **Facepalm.**

🇯🇵🇬🇧 くらべてわかる

ある行為や状態にあきれたり、諦めたりするときに手のひら
(palm) で顔 (face) を覆うしぐさを想像してみてください。アニ
メやオンラインチャットなどでよく使われるくだけた言い方です。

 関連表現 **Headdesk.** (がっくり)
※頭を机に打ちつけるしぐさを表す

Yes. は同意と見なされる

日本語では、「はい…はい…」と相手がひと言何かを言うたびに、あいづ
ちとして「はい」を繰り返して間を埋めようとするときがあります。こ
れは、必ずしも相手の言ったことに同意しているとは限らず、「はい。ちゃ
んと聞いていますよ」という意味で用いられることもよくあります。こ
れを英語でYes…Yes…と言ってしまうと、
Yes.は「はい、その通りです」という意味
なので、相手には同意していると誤解され
てしまうかもしれません。I see.(なるほど)
やIs that so? (そうなんですか) などを使
い分けましょう。

Column 4

フ レ ー ズ ㊺　🔊 Track 07

 なんでそうなるの？

Where did you get that idea?

― 日 英 くらべてわかる ―

相手が意外な発想をもとに意見を述べてきたときには、英語では「その考えを(that idea)どこで(where)ゲットしたの？(did you get?)」とイメージします。

関連表現 **I don't get it.**（意味わかんない）

フ レ ー ズ ㊻

 無理すんなよ。

You should take it easy.

― 日 英 くらべてわかる ―

「無理しない」は「気楽にやる」「のんきに構える」と捉え take it easy を使ってみましょう。この場合、easyは「ゆったりした」「穏やかな」というイメージです。

関連表現 **Don't overdo it.**（やりすぎるなよ）
Please don't feel obligated.（義務があるように感じないでください）

フレーズ㊼

🔴 よくあることです。

🇺🇸 **It happens, you know.**

─ 🈥 🈁 くらべてわかる ─

相手に何か好ましくない出来事が起こったときに、「そういうこともあるさ」と、それを受け入れるように慰めたり励ましたりするひと言です。

言い換え表現 **That's life.** (それが人生さ)
That's the way it is. (それが世の常さ)

フレーズ㊽

🔴 自業自得だ。

🇺🇸 **You asked for it.**

─ 🈥 🈁 くらべてわかる ─

「ざまあ見ろ」という日本語にも当たります。ask for 〜は「〜を求める」という意味ですから、「君がそう望んだんだろう（こんな結果になってもしょうがない）」と捉えます。

関連表現 **It serves you right.** (ざまあみろ)
I don't feel sorry for you. (あなたに同情できないよ)

フレーズ ㊾ 🔊 Track 07

● 何もございませんが。

⬇

🇺🇸 I hope you enjoy the party.

─ 日 英 くらべてわかる ─

日本語では、ホームパーティーに招待したお客さんに「何もございませんが」と謙虚に言いますが、英語では「パーティーを楽しんでいただけることを願います」と好意的に表現します。

言い換え表現 Thank you for coming to our house today.
（今日は来てくれてありがとう）

フレーズ ㊿

● なんも言えねえ。

⬇

🇺🇸 There's nothing I can say.

─ 日 英 くらべてわかる ─

あるスポーツ選手がインタビューで放ったこのひと言は、あまりにも有名ですね。英語では、「自分に言えることは何もない」と言うことができます。

言い換え表現 I'm speechless.（言葉も出ない）

フレーズ(51)

まあ、そうおっしゃらずに。

Oh, come on.

日英くらべてわかる

相手を誘ったけれども何かの理由で断られたとき、「いいじゃん」「堅いこと言うなよ」とさらにその人を説得するときに使えます。Come on. は「おいで」という意味もあり幅広く使える表現です。

言い換え表現 **You shouldn't say that.**
（それを言っちゃあおしまいよ）

フレーズ(52)

よく言うよ。

Look who's talking.

日英くらべてわかる

文字通りには「誰が言っているか見てごらん」ですが、「どの口が言ってるんだ（自分でちゃんと見てみろよ）」と、相手の発言にあきれてしまうという気持ちを表すひと言です。

言い換え表現 **Can YOU say that?**（君がそんなこと言える？）
Look who's here.（おや、誰かと思ったら）

フレーズ 53 🔊 Track 08

● とおっしゃいますと。

⬇

🇺🇸 **I'm sorry. I didn't quite get it.**

日 英 くらべて わかる

相手の言ったことの意味や意図を、もう1度言い換えて言ってもらいたいときの表現です。「おっしゃったこと(it)がすべて(quite)わかったわけではない(didn't get)」と発想します。

言い換え表現 **What do you mean by that?**
（それはどういう意味ですか）

フレーズ 54

● 気のせいだよ。

⬇

🇺🇸 **It's just your imagination.**

日 英 くらべて わかる

just your imagination は「単なる君の想像だよ」、つまり「君の思いすごしだよ」「気のせいだよ」ということになります。

言い換え表現 **Maybe you're just imagining things.**
（たぶん君の思い過ごしだよ）

フレーズ 55

🔴 なるほど。

⬇

🇺🇸 **That explains it.**

日 英 くらべてわかる

explain は「説明する」という意味です。「あなたが言ったことは、そのことを説明している」、つまり「なるほど、よく分かります」ということになります。

関連表現 **Now I get it.**（なるほど、やっとわかった）

フレーズ 56

🔴 ダサいな。

⬇

🇺🇸 **That's so lame.**

日 英 くらべてわかる

「ダサい」には lame [レイム] がピッタリです。lame は本来「（足が）不自由な」という意味ですが、状態がよくないことを表すくだけた言い方にもなります。

関連表現 **That dress is out of fashion.**
（あのワンピース、ダサいね。）

CHAPTER **2** 返事のひとこと

フレーズ ⑤⑦ 🔊 Track 08

🔴 相変わらずです。

🇺🇸 Same old same old.

日 英 くらべてわかる

親しい知人に近況を聞かれて、状況に変化がないことを伝えたいときには、英語ではsame oldを2回続けます。「昔といっしょ」と言っているわけです。

言い換え表現 **Same as usual.**（いつもと同じ）
Things are pretty much the same.（だいたい同じだよ）

フレーズ ⑤⑧

🔴 ご謙遜を。

🇺🇸 You're being too modest.

日 英 くらべてわかる

modestは「謙虚な」という意味の形容詞です。英語では「あなたは謙虚であり過ぎる(too modest)」と言っているわけです。

言い換え表現 **Don't be so modest.**（そんなに謙遜しないで）

フレーズ ⑤⑨

● 遠慮しときます。

⬇

🇺🇸 **I'd rather not.**

― 日 英 **くらべてわかる** ―

誘いや提案を間接的に断る表現です。I'dはI wouldの短縮形です。would ratherは「むしろ〜したい」という意味で、その否定形はwould rather not（むしろ〜したくない）を使いましょう。

使ってみよう **I'd rather not go.** （行くことは遠慮しときます）
I'd rather not say. （言うのは控えておきます）

フレーズ ⑥⓪

● あのね。

⬇

🇺🇸 **Look.**

― 日 英 **くらべてわかる** ―

日本語で言うと「ねえ」「ほら」「いいかい？」「あのね」のように、何かを話し始める前に軽く付け足す表現です。若干怒りやいら立ちを示すときによく使います。

言い換え表現 **You know something?** （あのね）

フレーズ ⑥1 🔊 Track 09

 どうぞおかまいなく。

🇺🇸 Please don't bother.

日 英 くらべてわかる

例えば、人の家を訪問した際に、飲み物などを遠慮するときの
ひと言です。botherは「気にする」という意味で、ここでは「気
にしないで」ということです。

言い換え表現 No, thank you. I'm fine. （どうぞおかまいなく）
Don't worry about me. （私のことは心配しないで）

フレーズ ⑥2

 渋いね。

🇺🇸 You have nice taste.

日 英 くらべてわかる

「渋い」は日本語独特の褒め言葉です。英語では、「趣味がいい」
「センスがいい」などと言います。unique（独特の）やrefined
（品のある）を使ったほうがピッタリのときもあります。

言い換え表現 That's cool! （いいね!）

フレーズ ㊿

🔴 そうこなくっちゃ。

⬇️

🇺🇸 **Now you're talking.**

─ 🈂️英 **くらべてわかる** ─

「今 (now) あなたは話している (you're talking)」、つまり「やっとそう言ってくれたね」ということになります。「やっと分かってくれたね」とか「待ってました」のような意味で使います。

言い換え表現 **That's what I'm talking about.**
（それでいいんだよ）

フレーズ ㊷

🔴 たまにはいいこと言うね。

⬇️

🇺🇸 **You have a point once in a blue moon.**

─ 🈂️英 **くらべてわかる** ─

have a pointは「的を射ている」「一理ある」、つまり「言えてるね」「いいこと言うね」ということです。once in a blue moonは「たまに」「めったにない」という意味です。

言い換え表現 **You said something for a change.**
（たまにはいいこと言うね）

CHAPTER **2** 返事のひとこと

フレーズ(65) Track 09

買いかぶりですよ。

You overestimate me.

日英くらべてわかる

estimateは「見積もる」「評価する」、overestimateは「過大評価する」という意味。You overestimate me.は「あなたは私を過大評価している」、つまり「買いかぶり」ということです。

言い換え表現

I'm not that good.（私はそんなによくない）

I'm not as good as you think I am.（私はあなたが思うほどではない）

フレーズ(66)

また始まった。

There you go again.

日英くらべてわかる

「また言ってるよ」「またやってるよ」と、注意をしているにもかかわらず、相手が繰り返しあきれることやうんざりすることを言ったりしたりすることに対して、イラッとした気持ちを表すひと言です。

言い換え表現

You're at it again.（また始まった）

フレーズ ⑥⑦

🇯🇵 むちゃぶりするね〜。

⬇

🇺🇸 You're making
an unreasonable request.

日 英 くらべてわかる

unreasonableは「状況にそぐわない」「理不尽な」という意味で、この場合、「無理な要求をしている」と言っています。文末にof me（私に）を付けることもできます。

言い換え表現 Don't make me do it. （そんなこと私にさせないでよ）
You're asking me too much. （あまりに要求し過ぎ）

 フレーズ ⑥⑧

🇯🇵 健康第一ですよ。

⬇

🇺🇸 Health comes first.

日 英 くらべてわかる

毎日頑張り過ぎている人に「健康に気をつけて」と思いやりを持ってかけてあげるひと言です。「健康が（health）最初に（first）来る（comes）」、つまり「健康が何よりも大事だ」ということです。

 言い換え表現 Nothing is more important than health.
（健康より大切なものはない）

49

フレーズ⑥⑨ 🔊 Track 09

🔘 ● おじょうずですね。

⬇️

🇺🇸 **You're too kind.**

── 日 英 くらべてわかる ──

人から褒められてそれをかわすときには、「おじょうずですね」という日本語独特の表現を使います。英語では「あなたは親切過ぎる」、つまり「そんなことないですよ」と謙遜します。

言い換え表現 **You're just saying that.**（あなたはただそう言っているだけでしょう）
Thank you for the compliment.（お褒めの言葉をありがとうございます）

フレーズ⑦⓪

🔘 ● とんでもないです。

⬇️

🇺🇸 **Not at all.**

── 日 英 くらべてわかる ──

日本語では、お礼を言われたあとに「とんでもないです」と控えめな言い方をしますが、英語では「全然（そんなことはないんです）」と捉え、強い否定の Not at all. を使いましょう。

言い換え表現 **My pleasure.**
（私が喜んでしたことです→どういたしまして）

Chapter 3

★ ★ ★

感情・気持ち・性格・性質を伝えるひとこと

フレーズ 71～126

Track
[10 ◀)) 16]

Unit 5
感情・気持ち
p52

Unit 6
性格・性質
p65

感情・気持ち

　英語では自分の気持ちや感情をダイレクトに表現することが多いです。例えば、親子や恋人同士でI love you.は欠かしません。日本語で「愛してるよ」と言うのは、少し照れくさいですよね。でも、英語ではI love you.を言わなくなると、「この人はもう私のことを愛していないのかも」と思ってしまうくらいです。

　また、日本語では「なつかしい」という形容詞1語でも、英語では、Good old days.やI miss it.のように、簡単な単語を並べて、ありのままの気持ちを表現します。

フレーズ 71　🔊 Track 10

 ハメやがったな。

⬇️

🇺🇸 You played me.

― 日 英 くらべてわかる ―

playは「遊ぶ」「(スポーツ)をする」「(楽器)を弾く」などで使うことが多いですが、口語的な表現で「(人)をハメる」「(人)を手玉に取る」という意味もあります。

言い換え表現 You tricked me. (だましたな)

フレーズ⑫

● 今日はついてないな。

■ Today is not my day.

日英 くらべてわかる

何かよくないことが起こったときに使えるひと言です。文字通りには、「今日は私の日ではない」、つまり「私に運が向いていない日」、「ついてない日」と発想します。

関連表現 **Just my luck!** (またダメだ!)
My luck's run out. (運が向かないです)

フレーズ⑬

● 超ウケる!

■ That's hilarious!

日英 くらべてわかる

「超ウケる！」とか「めっちゃ面白い！」という言い方には、英語では、hilarious（とても面白い、陽気な）を使います。「笑いが止まらない」という意味のカジュアルな表現です。

言い換え表現 **That's so funny!** (ほんとおもしろいね!)
That cracks me up! (それ超ウケる!)

CHAPTER **3** 感情・気持ち・性格・性質を伝えるひとこと

フレーズ ⑭ 🔊 Track 10

● 超気持ちいい！

🇺🇸 I feel so good!

🔵 ⓐ くらべてわかる

流行語のようになってしまったこの「超気持ちいい！」という日本語ですが、英語では「心地よく(good)感じる(feel)」と発想します。「超」は「とても」という意味のsoを使いましょう。

言い換え表現 **I feel great about it!**（それ、最高だね！）

フレーズ ⑮

● ちょっとへこみました。

🇺🇸 I was a little depressed.

🔵 ⓐ くらべてわかる

「(気分的に) へこむ」はdepressedを使うことができます。depress(落ち込ませる)の過去分詞を使って受身形（落ち込まされている）にします。

言い換え表現 **I was a little discouraged.**（ちょっと落ち込んだ）
I was down.（へこんだ）

フレーズ㉖

● 彼のコメントにはドン引きした。

🇺🇸 His comment was a real turnoff.

日 英 くらべてわかる

turn offは「(電気などを) 消す」という意味でよく使われますが、「うんざりさせる」という意味もあります。一語でturnoffは「興ざめさせるもの」「ドン引きしてしまうもの」という意味です。

言い換え表現 **We were really put off by his comment.**
(彼のコメントにはほんとにウンザリした)

フレーズ㉗

● なつかしい〜。

🇺🇸 Good old days.

日 英 くらべてわかる

「なつかしいなぁ」「昔はよかったなぁ」と、古きよき時代をしのんで使う表現です。英語では語順が「よき (good) 古き (old) 時代 (days)」になっています。

言い換え表現 **I miss it so much.**
(それがなくてすごくさびしいな)

CHAPTER **3** 感情・気持ち・性格・性質を伝えるひとこと

フレーズ ⑱ 🔊 Track 11

● 何かすごく嫌な予感がする。

🇺🇸 I have a bad feeling about this.

日 英 くらべてわかる

「嫌な予感」は a bad feeling で OK です。have は「持っている」⇒「一緒に存在する」というイメージですから、「(頭の中に) 嫌な予感が存在する」ということになります。

言い換え表現 I have a hunch that something bad will happen.
（何か悪いことが起こる予感がする）＊ hunch「予感、虫の知らせ」

フレーズ ⑲

● この暑さにはまいったよ。

🇺🇸 This heat is killing me.

日 英 くらべてわかる

kill は「殺す」という意味ですが、ここでは「殺されるくらいまいってしまう」という発想。英語では this heat のように無生物を主語にして「人を〜させる」のように使うことがよくあります。

関連表現 I can't stand it anymore.
（もう我慢できない）

フレーズ⑧⓪

🔴 まんざらでもないです。

⬇

🇺🇸 **Not bad at all.**

日 英 くらべてわかる

not 〜 at allは「まったく〜ない」と否定を強調します。not bad at allは「まったく悪くはない」、つまり「まんざらでもない」という意味になります。

使ってみよう **It's better than I thought.**
（思ったよりいいね）

フレーズ⑧①

🔴 もううんざりだ。

⬇

🇺🇸 **I'm fed up with it.**

日 英 くらべてわかる

be fed up with 〜は「〜にうんざりした」という意味。fedはfeed（食べ物を与える）の過去分詞で、「食べ物をたくさん与えられている」、つまり「（お腹いっぱいで）うんざり」という発想です。

言い換え表現 **I'm tired of it.**（あきあきしてる）
I'm sick and tired of it.（もううんざりだ）

CHAPTER 3 感情・気持ち・性格・性質を伝えるひとこと

フレーズ⑧ 🔊 Track 11

🇯🇵 もうヒンシュクだった。

🇺🇸 **They gave me a dirty look.**

日英 くらべてわかる

自分の迷惑な行為に人から非難の目を向けられたときの表現です。英語では非難の目を「汚れた視線(a dirty look)」と言います。日本語では「白い目で見られた」とも言いますね。

言い換え表現 People frowned at my behavior. (私の行為に眉をひそめた)
They looked at me with disapproval. (非難の気持ちで私を見た)

フレーズ⑧

🇯🇵 彼女は僕が他の女の子と話すとやきもちを焼く。

🇺🇸 **She gets jealous when I talk with another girl.**

日英 くらべてわかる

jealousは「嫉妬している」という意味の形容詞で、「やきもちを焼く」はget jealousです。日本語でも、名詞jealousyを使った外来語として「ジェラシーを感じる」と言いますね。

関連表現 I'm jealous of her talent.
(私は彼女の才能に嫉妬している)

フレーズ⑭

🔴 彼女はやる気満々です。

🇺🇸 **She's full of enthusiasm.**

日英 くらべてわかる

「やる気」「熱意」はenthusiasmです。「やる気でいっぱい」ということですから、full of enthusiasmと言います。motivation(やる気、モチベーションも)使うことができます。

言い換え表現 **She's so enthusiastic.**（彼女はとてもやる気があります）
She's full of motivation.（彼女はやる気にあふれています）

フレーズ⑮

🔴 勘弁してよ。

🇺🇸 **Give me a break.**

日英 くらべてわかる

Give me a break.は、文字通りには「休憩(a break)をください(give me)」ですが、「休ませて」、つまり「多めに見て」と捉えます。「冗談はそのへんにしといて」という意味でも使います。

言い換え表現 **No kidding.**（冗談はやめてよ）
Cut it out.（いい加減にしてよ）

フレーズ⑧⑥ 🔊 Track 12

🔴 **もう居ても立っても居られない。**

⬇️

🇺🇸 **I can hardly wait.**

─ 日 英 **くらべてわかる** ─

待ち遠しくて落ち着いていられないときに使えます。hardlyは
「ほとんど〜ない」という否定の意味があり、「ほとんど待てない」
と、待ち遠しくてそわそわしているイメージを表現します。

 I just can't wait.（待ち遠しくてしかたない）

フレーズ⑧⑦

🔴 **今さらどうでもいいことだよ。**

⬇️

🇺🇸 **Yesterday's news.**

─ 日 英 **くらべてわかる** ─

以前話題になったけれども、今になってはどうでもいいことにつ
いて使うひと言です。文字通りには、「昨日のニュース」ですが、「昨
日」、つまり「過去の話」「古い話」「終わったこと」ということです。

 Now nobody cares.
（今はもうだれも気にしてないよ）

フレーズ 88

🔴 仕方ないね。

🇺🇸 We have no choice.

日 英 くらべてわかる

日本人が口癖のように頻繁に使う表現の一つに「仕方がない」があります。「他に方法がない」ということですが、英語では「他に選択肢(choice)がない」と発想します。

言い換え表現 It cannot be helped. （どうしようもない）
There's nothing we can do about it. （私たちにできることは何もない）

フレーズ 89

🔴 彼にはときどきイラッとする。

🇺🇸 He sometimes gets on my nerves.

日 英 くらべてわかる

get on my nervesは、文字通りには「私の神経の上に乗る」ということなので、「神経に触る」「イラッとする」「ムカつく」という意味です。

関連表現 She was kind of irritated.
（彼女は何となくイライラしていた）

フレーズ⑨ 🔊 Track 12

 ぶっちゃけ、あまり気が進まないんだよね。

🇺🇸 To be honest, I don't really feel like it.

── 日 英 くらべてわかる ──

「ぶっちゃけ」は、言いにくいことを打ち明ける前に言うto be honest（正直なところ）やto tell (you) the truth（実を言うと）を使ってみましょう。

言い換え表現 To put it bluntly, I don't really care.
（ぶっちゃけ［はっきり言って］、どうでもいいんだよね）

フレーズ⑨

 ジェーンは上司に逆ギレした。

🇺🇸 Jane snapped back at her boss.

── 日 英 くらべてわかる ──

「逆ギレする」はsnap backです。snapは「パクっとかみつく」とか「すばやくとびつく」という意味の動詞です。snap backは「かみつき返す」というイメージです。

関連表現 He blew up.（彼はブチ切れた）
She lost her temper.（彼女はカッとなった）

フレーズ 92

🔵 癒されるね。

🇺🇸 **It makes me feel relaxed.**

日 英 くらべてわかる

「癒される」は「リラックスした（安心した）気分にさせられる」と捉えましょう。relaxedは「リラックスした」「落ち着いた」という意味です。relaxの語尾にedを忘れないようにしましょう。

関連表現 **Her smile heals my mind.**
（彼女の笑顔は私の心を癒してくれる）

フレーズ 93

🔵 って何これ？

🇺🇸 **Is this some kind of joke?**

日 英 くらべてわかる

何かを目の当たりにして驚いたり、意表を突かれたりしたときには、some kind of（何かの、ある種の）を使い「これ何かの冗談？」と言うことができます。

言い換え表現 **Is this a joke or something?**
（これ冗談か何かですか）

フレーズ 94 🔊 Track 12

● 願ったり叶ったりです。

🇺🇸 It's just what I wanted.

─ 日 英 くらべてわかる ─

「願ったり叶ったり」は希望通りになることですから、英語では just what I wanted を使い、「私がちょうど欲していたこと」、つまり「ちょうど願っていたこと」と発想します。

言い換え表現 I could wish for nothing better.
（これ以上よいことを望めないでしょう）

フレーズ 95

● 冥土の土産に、
　もう一度豪華な食事をしたい。

🇺🇸 If I could have a fancy meal again,
I could die in peace.

─ 日 英 くらべてわかる ─

仏教用語の「冥土」は、さすがに英語にはありません。例えば、「もし～できたら (if I could ～)、安心して死ねる (I could die in peace)」と発想しましょう。

言い換え表現 I want to have a fancy meal before I die.
（死ぬ前に豪華な食事をしたい）

性格・性質

日本にとって「雨」は貴重な資源なので、日本語には「雨」に関する言葉がたくさんあります。「雨女」や「雨男」も、そのような日本の文化特有の言葉です。英語にはそのような言葉はありませんので、この場合、文章として表現するしかありません。

性格を表す「ギリギリ人間 (procrastinator)」や「おっちょこちょい (scatterbrain)」など、そのまま英語の名詞で置き換えられるものもあります。「気がきく(considerate)」「煮え切らない(wishy-washy)」「わがまま(selfish)」などは、英語では形容詞が使われます。

CHAPTER

3

感情・気持ち・性格・性質を伝えるひとこと

 フレーズ 96 🔊 Track 13

● 気がきくね。

🇺🇸 You're so considerate.

―― 日 英 くらべてわかる ――

considerateは「察しがよい」「思いやりのある」「気がきく」という意味です。thoughtful（思慮深い、思いやりのある）を使って以下の例のように表現することも可能です。

 言い換え表現 **How thoughtful of you!**
（あなたはなんて思慮深いのでしょう！）

フレーズ 97 🔊 Track 13

🔵 うちの上司は人使いが荒い。

⬇️

🇺🇸 **Our boss works us too hard.**

—— 日 英 くらべてわかる ——

workは「働く」という意味ですが、「～を働かせる」という意味でも使います。work ～ too hardは「～をあまりにひどく働かせる」、つまり「人使いが荒い」「こき使う」ということです。

言い換え表現 **Our boss pushes us too hard.**
（うちの上司は人使いが荒い）

フレーズ 98

🔵 若いときは怖いもの知らずだったな。

⬇️

🇺🇸 **I wasn't afraid of anything when I was young.**

—— 日 英 くらべてわかる ——

日本語の「怖いもの知らず」という慣用句は、英語では「何も恐れない」と発想します。be afraid of ～は「～を恐れている」、notとanythingで「何も～ない」という意味です。

関連表現 **I was absolutely fearless of anything.**
（私は何も恐れていませんでした）

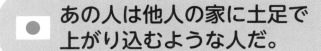

フレーズ 99

🔴 あの人は他人の家に土足で
上がり込むような人だ。

⬇

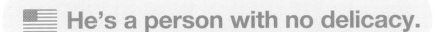

🇺🇸 **He's a person with no delicacy.**

日 英 くらべてわかる

英語圏はそもそも他人の家に土足で上がり込む文化なので、その表現が悪い意味を持つことはありません。「デリカシーのない人 (a person with no delicacy)」のように発想しましょう。

言い換え表現 She often invades someone's privacy.
（彼女はよく人のプライバシーに入り込む）

フレーズ 100

🔴 私、雨女なんですよ。

⬇

🇺🇸 **I always bring bad weather.**

日 英 くらべてわかる

英語には「雨女」「雨男」という言葉はありません。a rain man などと言っても全く分かってもらえません。対応する言葉が英語にない場合には発想を変えて、1つの文章として表現しましょう。

言い換え表現 It always rains when she's around.
（彼女がいると、いつも雨が降る）

CHAPTER 3 感情・気持ち・性格・性質を伝えるひとこと

フレーズ ⑩⑴ 🔊 Track 13

🔴 私、根に持つタイプだから。（笑）

⬇

🇺🇸 **I'm the type of person who holds grudges.**

日 英 くらべてわかる

grudgeは「恨み」という意味で「根に持つ」はhold a grudge (hold grudges)と言います。相手の自分に対する言動に対して、冗談で「私、執念深いので（笑）」のような意味で使います。

 関連表現 **Are you still holding a grudge?**
（まだ根に持っているの?)

フレーズ ⑩⑵

🔴 彼女はあちこちからひっぱりだこです。

⬇

🇺🇸 **She's much sought after.**

日 英 くらべてわかる

「ひっぱりだこ」はsought afterで表すことができます。soughtはseek（追い求める）の過去分詞です。「追い求められる」ように人気があるということです。

 言い換え表現 **She's so popular.**（彼女はとても人気がある）
She's a hot property.（彼女は人気者です）

フレーズ ⑩

🇯🇵 彼女はキャラが濃いね。

🇺🇸 **She's a character.**

日 英 くらべてわかる

もはや広辞苑にも載っている「キャラ」という言葉は、英語のcharacterから来ています。characterは「性格」という意味でよく使いますが、「個性が強い人」という意味でもあります。

 言い換え表現 **She's very unique.** （彼女はとてもユニークだ）

「雨男」「雨女」は笑顔で

　日本語で「私は雨男（雨女）です」と言うと、それは日本人には半ば冗談だと分かっていますが、それに当たる英語としてI always bring bad weather.と真顔で言うと、Don't say that. That's not your fault.（そうおっしゃらないでください。雨が降るのはあなたのせいではありませんよ）と真面目に返されてしまうかもしれません。この場合、英語では冗談で言っているということが相手に伝わるように笑顔で言いましょう。文化が異なると表現のしかたも異なります。英語を学ぶ難しいところでもあり、また興味深い部分でもあるのです。

Column 5

フレーズ ⑩④ 🔊 Track 14

● 彼はいつもテキトーだから。

🇺🇸 He's always irresponsible.

日 英 くらべてわかる

「いい加減」という意味での「テキトー」は responsible（責任がある）の反意語の irresponsible（責任感のない、信頼できない）で表現できます。ほかにも unreliable や sloppy、lazy も使えます。

言い換え表現 **He's unreliable.**（彼は信頼できない）
He's sloppy.（彼はだらしがない）

フレーズ ⑩⑤

● 彼は手に負えない。

🇺🇸 He's out of control.

日 英 くらべてわかる

「手に負えない」ということは「コントロールできない」と捉え、out of control で表現しましょう。「病気が手のほどこしようがない」場合は incurable（不治の）も使えます。

関連表現 **He's out of hand.**（彼は手に余る）
He's beyond help.（彼は救いようがない）

フレーズ 106

● 彼は人が良すぎる。

■ He's too trusting.

─ 日 英 くらべてわかる ─

「人が良い」「お人良し」は trusting（すぐに信用する、信じやすい）で表せます。too は「〜しすぎる」という意味です。

言い換え表現 **He's so naive.**
（彼はとてもナイーヴ［世間知らず］だ）

フレーズ 107

● 彼女は空気が読めない人だ。

■ She can't read between the lines.

─ 日 英 くらべてわかる ─

「空気を読む」は read between the lines で表せます。「行間（between the lines）を読む」、つまり文字や言葉なしに状況を判断するときに使います。

言い換え表現 **She can't take a hint.**
（彼女は周りの人が出しているヒント［雰囲気］に気づかない）

CHAPTER 3 感情・気持ち・性格・性質を伝えるひとこと

フレーズ ⑩⑧ 🔊 Track 14

● 彼はつかみどころがない人だ。

🇺🇸 You never know what he's thinking.

── 日 英 くらべてわかる ──

「つかみどころがない」は「本質的な部分（考え）がはっきりしない」ということなので、英語では「彼は何を考えているか全くわからない」と発想します。

言い換え表現 I have no idea what he has in mind.
（彼が何を考えているか全くわからない）

フレーズ ⑩⑨

● 彼女はボーっとしてる。

🇺🇸 She's absent-minded.

── 日 英 くらべてわかる ──

absent（欠席している）は「欠けている」「放心した」という意味もあります。absent-minded は「頭が空っぽの状態」、つまり「ボーっとしている」ということです。

言い換え表現 She's spacy.（彼女はボーっとしてる）
I was just daydreaming.（ボーっとしていた）

フレーズ ⑩

 彼は負けず嫌いだからね。

⬇

 He's a sore loser.

── 日 英 くらべてわかる ──

soreは「痛い」という意味の形容詞ですが、「腹を立てた」とか「悲鳴に暮れる」という意味もあります。a sore loserは「腹を立てた敗者」となり、あまりいい意味では使いません。

言い換え表現 He's a bad loser. (彼は負け惜しみを言う人だ)

フレーズ ⑪

 物好きな人もいるもんだ。

⬇

 There are all sorts of people around.

── 日 英 くらべてわかる ──

英語では「いろんな種類の人がいるものだ」と捉えます。sortはkindと同じように「種類」という意味です。「十人十色」という日本語にも当たります。

関連表現 You sure are strange.
(あなたって本当に物好きね)

CHAPTER
3
感情・気持ち・性格・性質を伝えるひとこと

フレーズ ⑪⑫ 🔊 Track 15

● 煮え切らない奴だな。

🇺🇸 You're so wishy-washy.

─ 🇯🇵 🇬🇧 くらべてわかる ─

wishy-washyは、「優柔不断な」「煮え切らない」「どっちつかず」などのように、決断力がなく、どうするかなかなか決められない人のことを表す言葉です。

言い換え表現 You can never make up your mind.
（あなたは本当に決断できない人ですね）

フレーズ ⑪⑬

● わがままだなあ。

🇺🇸 You're so self-centered.

─ 🇯🇵 🇬🇧 くらべてわかる ─

-centeredは「〜中心の」という意味です。self-centeredは「自分中心」、つまり「わがまま」「自分勝手」ということです。egoistic（利己主義の）も使えますが、少し強い意味に聞こえます。

言い換え表現 You're so selfish.（わがままだな）

フレーズ ⑭

🇯🇵 私、けっこうおっちょこちょい なんです。

🇺🇸 **I'm such a scatterbrain.**

 日 英 くらべてわかる

英語では「おっちょこちょいの人」「そそっかしい人」のこと をscatterbrainと言います。scatterは「まき散らす（こと）」、 brainは「脳」ですから、頭に落ち着きがないイメージです。

言い換え表現 **I'm clumsy.**（私、不器用なんです）

 フレーズ ⑮

🇯🇵 私はギリギリ人間なんです。

🇺🇸 **I'm a procrastinator.**

 日 英 くらべてわかる

「ギリギリ人間」「ぐずぐずしてすぐに取りかからない人」のこ とをprocrastinatorと言います。

言い換え表現 **I always wait until the last minute.** （私はいつも最後まで取りかかりません）

CHAPTER 3 感情・気持ち・性格・性質を伝えるひとこと

フレーズ ⑯ 🔊 Track 15

🇯🇵 器でかいですね。

🇺🇸 You're a very tolerant person.

日 英 くらべてわかる

tolerantは「寛大な」「心の広い」、つまり「器が大きい」ということです。「もっと器の大きい人になりなさい」と言いたいときには、Be a bigger person. で大丈夫です。

言い換え表現 You're a person of high caliber.
（あなたは度量が大きい人ですね）

フレーズ ⑰

🇯🇵 彼は人生の荒波を乗り越えてきた人だ。

🇺🇸 He's overcome many hardships in his life.

日 英 くらべてわかる

「乗り越える」はovercomeを使ってみましょう。hardshipは「苦難」、つまり、ここでは「荒波」のこと。「修羅場をくぐって来た人」「どん底から這い上がって来た人」にも使える表現です。

関連表現 I've had a lot of tough times.
（多くの荒波を乗り越えて来たよ）

フレーズ ⑱

🇯🇵 ● 彼女、天然だから。

🇺🇸 She's a natural airhead.

─ 🇯🇵英 くらべてわかる ─

airheadは、文字通り「空気の頭」、つまり「頭が空っぽ」「おばかさん」ということです。それにnatural（もともと、生まれつき）を付けると「天然（ボケ）」です。

言い換え表現 She's goofy.（彼女は天然だね）

フレーズ ⑲

🇯🇵 ● 彼は奥さんの尻に敷かれている。

🇺🇸 He is henpecked.

─ 🇯🇵英 くらべてわかる ─

henは「めんどり」、peckは「（くちばしで）つつく」という意味なので、henpeckedは「めんどりにつつかれている」、つまり「奥さんの尻に敷かれている」「かかあ天下の」というイメージです。

言い換え表現 She wears the pants.
（彼女はズボンをはいている→彼女が主導権を握っている）

CHAPTER

3

感情・気持ち・性格・性質を伝えるひとこと

フレーズ ⑫ 🔊 Track 16

● 彼って本当にウザいんだよね。

🇺🇸 He's really annoying.

─ 日 英 くらべてわかる ─

annoyは「〜を悩ませる」という意味の動詞、annoyingは「しつこく悩ませる」「うっとおしい」「ウザい」という意味の形容詞です。

言い換え表現 **He's really irritating.**（彼は本当にむかつくよ）
He's really bothering.（彼は本当に人をイライラさせるの）

フレーズ ⑫

● サッカーが三度の飯より好きです。

🇺🇸 There's nothing I like more than soccer.

─ 日 英 くらべてわかる ─

「三度の飯より好き」は、英語ではご飯にはたとえません。「〜（すること）よりも私が好きなことはない(There's nothing I like more than 〜.)」と発想します。

言い換え表現 **He's crazy about soccer.**
（彼はサッカーが大好きです）

フレーズ ⑫

🔴 彼女はいつも重箱の隅をつつくような
ことをする。

🇺🇸 **She's always nitpicking at
what people do.**

━ 日 英 くらべてわかる ━

nitpickは「あら探しをする」「つまらないことにけちをつける」
という意味で使います。nitは「シラミの卵」という意味で、
それを探して取る (pick) ということです。

関連表現 **He always finds fault with everything
you do.** (彼はいつも人の荒探しをする)

フレーズ ⑬

🔴 この服、楽チンだよ。

🇺🇸 **These clothes are really
comfortable.**

━ 日 英 くらべてわかる ━

服の場合、「楽チン」は「快適な」「心地よい」という意味の
comfortableがベストです。仕事が「楽チン」と言いたいとき
はeasygoing(のんびりとした)を使いましょう。

関連表現 **My job is pretty easygoing.**
(私の仕事は楽チンです)

フレーズ ⑫ 🔊 Track 16

 彼女は言いたい放題言う人だ。

 She says everything she wants to say.

日 英 くらべてわかる

「言いたい放題」、つまり「言いたいすべてのことを言う」と捉えましょう。everything she wants to sayのように、英語では日本語と語順が逆です。saysは[**セ**ズ]のように発音しましょう。

関連表現 She's a big mouth. （彼女はおしゃべりだ）
She's talkative. （彼女はおしゃべりだ）

フレーズ ⑫

 彼はいつもああ言えばこう言う。

He always talks back.

日 英 くらべてわかる

「ああ言えばこう言う」と言いたいときは、「言い返す」「口答えをする」という意味のtalk backを使います。Nice comeback. と言えば、「いい突っこみだ」という意味になります。

言い換え表現 Whatever I say, he has a comeback ready.
（私が何を言っても、彼は言い返す準備ができている）

80

フレーズ⑫⑥

● 🇯🇵 その仕事は本当にエグいよ。

⬇️

🇺🇸 **That job is really nasty.**

─ 🇯🇵英くらべてわかる ─

「エグい」は「ひどい」「辛い」のような意味なので、「えげつない」という意味のカジュアルな単語nastyを使ってみましょう。bear（骨の折れる仕事）を使ってIt's a bear.とも言えます。

言い換え表現 That job is really tough.
（その仕事は本当にきつい）

「ビーバー」は「働き者」

　英語には、性質や性格を表す独特な表現がたくさんあります。a sore loserは「負けず嫌い」のことですが、その反対の意味で、「負けても悔しさをあとに引きずらない人」「さっぱりした人」のことはa good sportと言います。「がんばり屋さん」はan eager beaver。beaver（ビーバー）はあくせく働くイメージがある動物です。それに「熱心な」という意味のeagerを足すと、一生懸命に働いているビーバーが思い浮かびませんか。まさに「働き者」を想像させる言葉ですね。

Column 6

CHAPTER

3

感情・気持ち・性格・性質を伝えるひとこと

会話で
使おう！

日・英フレーズ
おさらいクイズ!!

学んだフレーズを使って、
下線が引かれた日本語を英語で言ってみよう！

―― Q3 ――

A：これからもう一杯どう？　あそこにバーがあるよ。

B：あそこのバーか…。
ぶっちゃけ、あまり気が進まないんだよね。

A：そうなんだ。何か嫌な思い出でもあるの？

B：あそこのバーのオーナーとこの前けんかしちゃってさ。

―― Q4 ――

A：のどかわいたの？
自動販売機でなにか買えば？

B：そうするよ。…うーん、どちらにしようかな。悩むなあ。

A：まだ決まらないの？　煮え切らない奴だな。　　（2分後）

B：だってほかではどちらも買えないし、
どっちもすごく飲みたいからさ。

Answers:　**A3**. To be honest, I don't really feel like it.　　**A4**. You're so wishy-washy.

A3：フレーズ90 (P62) ／A4：フレーズ112 (P74)

Chapter

4

★ ★ ★

職場・学校で使う ひとこと

フレーズ 127 〜 152

Track
[17 🔊 20]

Unit 7
職場・学校
p84

Unit 7 職場・学校

　英語圏では、職場も学校も人間関係にはあまり堅苦しい雰囲気がありません。上司に対しても肩書や苗字ではなく、名前で呼び合うことがよくあります。

　入室時の「失礼します」や退室時の「失礼しました」のような堅苦しい決まり文句というよりは、自分の気持ちをそのまま表現します。例えば、入室の際は、I'm sorry to bother you.と、お邪魔をする申し訳なさを表現し、退出のときには、Thank you for your time.のようにお礼を言うのが通例です。

 フレーズ⑫ 🔊 Track 17

● おつかれさまです。

🇺🇸 **How are you doing?**

 日英 くらべてわかる

日本語では「おつかれさまです」には「おつかれさまです」で返しますが、英語ではHow are you doing?にはPretty good. How about yourself?などと返します。

言い換え表現 **Hello.**（こんにちは）
What's up?（おつかれ）

フ レ ー ズ ⑫

🔴 おつかれさまでした。

⬇

🇺🇸 **Have a nice evening.**

── 日 英 くらべてわかる ──

相手を気遣う優しい日本の文化が垣間見られる表現ですね。英語では夕方であればこの一言で大丈夫。仕事中に言う「おつかれさまです」は、Hi. や Hello. で OK です。

言い換え表現 **Have a nice weekend.**（よい週末を）
See you tomorrow.（また明日）

フ レ ー ズ ⑫

🔴 失礼します。

⬇

🇺🇸 **I'm sorry to bother you.**

── 日 英 くらべてわかる ──

部屋や会議室などに入室するときには、I'm sorry to bother you.（おじゃましてすみません）や Do you have a minute?（ちょっとお時間ありますか）が使えます。

関連表現 **May I see you now?**（今お会いできますか）
Do you have a minute?（ちょっとお時間ありますか）

CHAPTER
4
職場・学校で使うひとこと

85

フレーズ ⑬⑩　🔊 Track 17

🔴 **失礼しました。**

⬇

🇺🇸 **Thank you for your time.**

── 🇯🇵英 くらべて わかる ──

退室の際は、英語では「失礼しました」のような陳謝の言葉ではなく、感謝の言葉を述べましょう。例えばThank you for your time.（お時間ありがとうございました）と言いましょう。

言い換え表現 **Thank you for taking the time to see me today.**
（今日はお時間を取っていただきありがとうございました）

フレーズ ⑬①

🔴 **今さらですが…**

⬇

🇺🇸 **I think it's too late to mention this, but …**

── 🇯🇵英 くらべて わかる ──

英語では「こんなことを言うのは遅すぎると思いますが」と発想します。mentionは「～について言う」という意味の動詞です。

言い換え表現 **I should have asked you earlier, but …**
（今さらお尋ねするのもどうかと思いますが…）

フレーズ ⑫

🔴 朝一で。

⬇

🇺🇸 First thing in the morning.

日 英 くらべてわかる

例えば、夕方に何か仕事を頼まれて、翌日の朝一番の仕事としてそれに取り組むことを相手に伝えるときに使える一言です。

言い換え表現 **First thing tomorrow morning.**
（明日の朝一番で）

フレーズ ⑬

🔴 彼女はその仕事にうってつけですよ。

⬇

🇺🇸 She's the right person for that job.

日 英 くらべてわかる

「うってつけです」や「もってこいです」は the right person（正しい［適切な］人）で表すことができます。

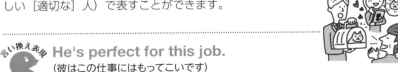

言い換え表現 **He's perfect for this job.**
（彼はこの仕事にはもってこいです）

CHAPTER

4

職場・学校で使うひとこと

フレーズ ⑬④ 🔊 Track 18

● ご参考になれば幸いです。

🇺🇸 I hope that helps.

── 日 英 くらべてわかる ──

「～なら幸いです」はI hope ～（～であることを願う）で言ってみましょう。「それが手助けになることを願う」と発想します。hopeの後ろは主語と動詞が続きます。

言い換え表現 I hope you'll like it.
（気に入っていただけると幸いです）

フレーズ ⑬⑤

● この仕事は腰かけだから。

🇺🇸 This is just my rebound job.

── 日 英 くらべてわかる ──

reboundは「跳ね返り」「リバウンド」という意味ですから、自分の仕事が1つ目から2つ目に跳ね返るような「つなぎの仕事」「一時的な腰かけの仕事」という発想です。

言い換え表現 This is my temporary job.
（これは臨時の仕事です）

フレーズ ⑬⑥

● 試験は手ごたえがありました。

⬇

🇺🇸 **I'm pretty sure I did well on the exam.**

── 日 英 くらべてわかる ──

「手ごたえがあった」は「かなり上手くいった (ような気がする)」ということですから、did well (上手くいった) が使えます。「テストでは上手くいったとかなり確信が持てる」と考えましょう。

関連表現 **How was the impression of the interview?**
(面接の手ごたえはどうだった?)

フレーズ ⑬⑦

● 仕事でいっぱいいっぱいなんです。

⬇

🇺🇸 **I'm swamped with work.**

── 日 英 くらべてわかる ──

swampは本来「沼地」とか「浸水させる」という意味です。沼地に沈みこむようなイメージで、「仕事に埋もれている」という発想です。「試験のことで」なら、with examsとなります。

言い換え表現 **I'm overwhelmed with work.**
(仕事でパンク寸前です)

フ レ ー ズ ⑬⑧ 🔊 Track 18

● 彼は職を転々としています。

⬇

 He's a job hopper.

日 英 くらべてわかる

hopは「ピョンピョン飛び回る」という意味です。a job hopperは「仕事をピョンピョン飛び回る人」、つまり「仕事をよく変える人」のことを表します。

言い換え表現 **He changed his jobs several times.**
（彼は仕事を何度か変えた）

フ レ ー ズ ⑬⑨

● 初心に帰ろう。

⬇

 Go back to a beginner's spirit.

日 英 くらべてわかる

英語では「初心者の精神(a beginner's spirit)に帰りなさい(go back to)」と考えます。「基本に戻る」という意味でbasicsを使うこともできます。

言い換え表現 **Go back to the basics.** （基本に戻ろう）
Remember the spirit you started with. （最初に始めたときの精神を思い出そう）

フレーズ⑭

● ちょっと難しいです。

🇺🇸 That's not possible.

日 英 くらべてわかる

日本語では、依頼されたことに対して「できない」とはっきり言わずに、「ちょっと難しいです」と間接的に答え、相手にできないということを推測してもらいますが、英語でそのままThat's difficult.と言うと、「難しいけれどもできる」という意味に受け取られてしまいます。英語では、はっきり「不可能です(not possible)」と言いましょう。

フレーズ⑭1

● 詰めが甘かった。

🇺🇸 I failed at the last moment.

日 英 くらべてわかる

「詰めが甘い」は、英語では「最後の瞬間に(at the last moment)しくじる(fail)」とイメージしましょう。

言い換え表現 It wasn't thorough enough.
（十分に徹底していなかった）

91

フレーズ ⑭ 🔊 Track 19

● 仕事こっちに丸投げなんだよね。

🇺🇸 They left all their work to me.

日 英 くらべてわかる

「仕事を丸投げする」は、「全部の仕事を (all one's work) 〜 に (to 〜) 置き去りにする (leave)」と捉えましょう。their は、主語が She であれば her、He であれば his になります。

 Just leave it to me. （私にお任せください）

フレーズ ⑭

● 彼は上司の気持ちを忖度した。

🇺🇸 He considered his boss's wish.

日 英 くらべてわかる

「忖度する」は相手の心情を推し量ることですが、英語では「願い (wish) を考慮する (consider)」と言います。または、「上司の気持ちを読んだ」とも言えます。

 He read his boss's mind. （彼は上司の気持ちを読んだ）
He thought about how his boss felt. （彼は上司がどう感じるか考えた）

フレーズ ⑭

● 全然話違うんですけど。

⬇

🇺🇸 Not to change the subject.

日 英 くらべて わかる

会話の途中で、「話は変わりますが」と前置きして、別の話題について話し出すときに便利なのがこの表現です。英語では「話題(subject)を変えるつもりはないのですが」という発想です。

話題1
Not to change the subject.
話題2

言い換え表現 This is off topic, but...
（ちょっと話題がそれるんですが…）

フレーズ ⑭⑤

● そうしていただけると有難いです。

⬇

🇺🇸 I'd appreciate it if you could.

日 英 くらべて わかる

Could you ~?（~してもらえませんか）よりもさらに丁寧な言い方は、I'd appreciate it if ~. です。「もしあなたが~してくだされば感謝いたします」と言います。

言い換え表現 That'd be nice. （そうしてもらえると助かります）

CHAPTER

4

職場・学校で使うひとこと

フレーズ ⑭ 🔊 Track 19

🔴 恐縮です。

🇺🇸 That's very kind of you.

─ 日 英 くらべてわかる ─

日本語独特の感謝やお詫びの表現ですね。ここでは感謝の文脈と捉えます。英語で相手の親切や厚意に深く感謝するとき、「あなたはなんて親切なのでしょう」と言えますよ。

言い換え表現 Oh, you shouldn't have.（えっ、そんなことなさらなくてもよかったのに）
You didn't have to do that.（それをやっていただく必要はなかったですよ）

フレーズ ⑭

🔴 今、手が離せません。

🇺🇸 I'm tied up at the moment.

─ 日 英 くらべてわかる ─

tie は「結ぶ」「縛る」という意味ですから、「今 (at the moment) 縛りつけられている (tied up)」、つまり「とても忙しい」「手が離せない」「バタバタしている」「取り込み中」ということです。

言い換え表現 I have no time for that now.
（今そのための時間はないです）

フレーズ ⑱

🔴 トントン拍子に話が進んでいきました。

⬇

🇺🇸 **Everything went so smoothly.**

── 🇯🇵 英 くらべてわかる ──

「トントン拍子」は事がとてもスムーズに進んでいくことですから、go so smoothly です。without a hitch（滞りなく）を使い、Everything went off without a hitch. でもＯＫです。

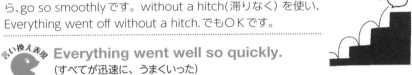

言い換え表現 **Everything went well so quickly.**
（すべてが迅速に、うまくいった）

フレーズ ⑲

🔴 めちゃめちゃお得ですよ。

⬇

🇺🇸 **It's a super deal.**

── 🇯🇵 英 くらべてわかる ──

deal（取引）を使い、「素晴らしい取引」、つまり「めちゃめちゃ得した」となります。steal（盗み）を使う That's a steal. という表現もあり、「持ってけドロボー」みたいなイメージです。

言い換え表現 **That's a really good buy.**
（お得な買い物でした）

CHAPTER 4 職場・学校で使うひとこと

フレーズ ⑮⓪ 🔊 Track 20

🔴 了解です。

🇺🇸 **Got it.**

── 日 英 くらべてわかる ──

gotはgetの過去形ですから、「あなたが言ったことを頭の中にゲットした」ということです。gotの前にIが省略されています。

言い換え表現 **Fair enough.**（了解）

フレーズ ⑮①

🔴 新しいスマホがバカ売れしてるよ。

🇺🇸 **The new smartphones are selling like hot cakes.**

── 日 英 くらべてわかる ──

英語では「バカ売れ」することをsell like hot cakes（ホットケーキのように売れる）と言います。いろんなイベントで、ホットケーキは焼いたらすぐに売り切れてしまうことから来ています。

言い換え表現 **The new smartphones are flying off the shelves.**
（新しいスマホが棚から飛んでいる→飛ぶように売れているよ）

フレーズ ⑮

● 平たく言えば…

🇺🇸 Simply put, …

─ 日英 くらべてわかる ─
simply putは相手に難しい説明などをしたあとに、「わかりやすく言うと、つまり〜です」と、より簡単な表現で説明する場合に使います。「シンプルに置き換えると」というイメージです。

言い換え表現 In plain words, …
（平易な言葉で言えば…）

CHAPTER
4
職場・学校で使うひとこと

英語では、曖昧さを避ける

　相手の誘いや依頼を断るとき、日本語では、「考えておきます」とか「ん〜、ちょっとビミョー」などと、「できない」とか「したくない」という直接的な否定の言葉は使わず、曖昧な言葉を投げて断ったかどうかを相手に判断してもらうという方法を取ることがよくあります。だから、英語圏の人には、「日本人は曖昧で何を言いたいかよくわからない」と言われてしまうのですが、これは、相手の気持ちを傷つけまいとした日本人の優しい文化の現れでもあるのです。英語では、誘いを断るときは、I'm sorry. I can't.（すみません。できません）と言ってあげたほうが、相手に分かりやすくてよいという考え方です。

Column 7

会話で使おう!

日・英フレーズ
おさらいクイズ!!

学んだフレーズを使って、
下線が引かれた日本語を英語で言ってみよう!

--- Q5 ---

A: どうしようかな…

B: 何かお困りですか。

A: そうなんだよ。
来週A社に営業に行くんだけど、先方のことが
さっぱりわからなくて。

B: A社でしたら、先日お調べした資料があるので、
お渡ししますね。ご参考になれば幸いです。

--- Q6 ---

A: 以上で本日の面接は終了です。
結果は来週中にはメールにてご連絡
させていただきます。

B: かしこまりました。失礼しました。

A: お気をつけて。

(Bさんが退出する)

Answers: **A5.** I hope that helps.　　**A6.** Thank you for your time.

A5: フレーズ134 (P88) ／**A6:** フレーズ130 (P86)

Chapter 5

★ ★ ★

人の表現・
行動についての
慣用表現

フレーズ 153〜218

Track
[21 ◀)) 29]

Unit 8 議論

人の行きすぎた言動に対して、ひと言言い返したくなるときがありませんか。英語で言う場合は、例えば、「何様のつもり？」は「あなたはご自分を誰だと思っているのですか」、「バカも休み休み言え」は「わけの分からないことを言うな」のように、少しだけ表現を変えてみましょう。

英語では、物をはっきり言わないことを beat around the bush（草むらを叩く）と言うように、まったく異なった発想の慣用表現もありますので、英語独特のイメージをつかんでおきましょう。

フレーズ ⑮ 🔊 Track 21

● それが何か？

⬇

🇺🇸 What about it?

― 日 英 くらべてわかる ―

例えば、自分の言動に対して相手が批判してきたときに使えます。英語では「それについて (about it) 何か (what) 言いたいことがありますか」とイメージします。

 言い換え表現 So what? （だから何?）
Any problems? （何か問題ある?）

フレーズ⑮

● それとこれとは話が別です。

🇺🇸 Those are two different issues.

日 英 くらべてわかる

issueは「問題」という意味で、英語では「それら（それとこれ）(those) は2つの異なる問題(two different issues)」と発想します。

言い換え表現 **That's quite a different kettle of fish.**
（それは別問題ですね）

フレーズ⑮

● ちなみに…

🇺🇸 By the way, ...

日 英 くらべてわかる

「ちなみに」は、話しているテーマに関して情報を補足するときに使いますが、英語では「ところで」という意味でよく使われるby the wayで言うことができます。

言い換え表現 **Just to tell you.**（一応言っておくけど）
Just to let you know.（一応知らせておくけど）

CHAPTER 5 人の表現・行動についての慣用表現

フレーズ ⑯ 🔊 Track 21

● お言葉ですが…

🇺🇸 With all due respect, …

─ 日 英 くらべてわかる ─

「失礼だと思われるかもしれませんが」と、今から言おうとすることの誤解を招かないように、失礼な意図はないということを前置きして使うひと言です。

言い換え表現 No disrespect.（悪く思わないでね）

フレーズ ⑰

● 何様のつもり？

🇺🇸 Who do you think you are?

─ 日 英 くらべてわかる ─

英語には「様」という言葉がないので、「あなたは自分を誰だと思っているの？（そんなに偉い人ではないのですよ）」と発想します。

言い換え表現 You're so arrogant.（あなたは本当に傲慢だ）

フレーズ ⑮⑧

● あなたに言われたくありませんね。

■ You should talk.

CHAPTER 5 人の表現・行動についての慣用表現

日 英 くらべてわかる

「あなたが話すべきだ」 → 「自分のことを話したいなら話せばよい」 → 「自分のことを棚に上げてよく言えるよな」というニュアンスです。冗談として言う場合も多いです。

言い換え表現 You're one to talk. （よく言うよ）

フレーズ ⑮⑨

● そこまで言う？

■ Don't rub it in.

日 英 くらべてわかる

「もうそれ以上繰り返して言わないで」という意味で使う表現です。rubは「こする」とか「すり込む」という意味です。「it（失敗したこと）をすり込まないで」ということですね。

言い換え表現 Give me a break. （勘弁してよ）

フレーズ ⑯ 🔊 Track 22

🔴 **そこを何とか。**

⬇

 I know it's difficult, but I still have to ask you.

— 🇯🇵英 くらべてわかる —

相手に「そこを何とか」とお願いするのですから、長く丁寧に言うのが英語流です。「難しいとわかっているのですが、そうしてくだされば感謝いたします」ということです。

言い換え表現 **Do you think you can do something about that?** （そこを何とかお願いできませんでしょうか）

 フレーズ ⑯

🔴 **調子に乗るなよ。**

⬇

 Don't get cocky.

— 🇯🇵英 くらべてわかる —

「もっと謙虚でいなさい」と言いたいときのひと言です。cockyは「うぬぼれた」とか「お高くとまる」というネガティブな意味の形容詞です。getは「〜になる」という動きを表します。

言い換え表現 **Don't be conceited.** （図に乗るなよ）
Don't get too excited. （はしゃぎ過ぎるな）

フレーズ ⑯

● バカも休み休み言え。

🇺🇸 **Cut the crap.**

── 日 英 くらべてわかる ──

crapは「汚物」という意味ですが、会話では「たわ言」という意味でも使います。「たわ言を切り落とせ」、つまり「バカなことを言うのはやめろ」「バカも休み休み言え」ということです。

言い換え表現 **Don't talk nonsense.** （ばかなことを言うな）

フレーズ ⑯

● 話にならん。

🇺🇸 **This is ridiculous.**

── 日 英 くらべてわかる ──

人の話の論理がばかばかしくて理解できないときはridiculous（ばかげている）が便利です。「店長と話をさせてください」と言いたいときにはLet me talk to the manager.と言いましょう。

言い換え表現 **It's a waste of time.** （時間の無駄だ）
It's no use discussing it. （議論しても無駄です）

CHAPTER 5 人の表現・行動についての慣用表現

フレーズ ⑯⑭ Track 22

● ひと言多いな。

🇺🇸 **You say one word too many.**

─ 🇯🇵 🇬🇧 くらべてわかる ─

「ひと言多い」は、英語では「ひと言多過ぎる」と考え one word too many と言います。「あなた」がひと言多ければ、文頭に You say、「彼女」なら She says となります。

言い換え表現 **You talk too much.**（君、しゃべり過ぎ）

フレーズ ⑯⑤

● 要するにこうです。

🇺🇸 **Here's the thing.**

─ 🇯🇵 🇬🇧 くらべてわかる ─

要点を説明する前に付け足すひと言です。the thing は「言いたいこと」「大切なこと」のことで、「つまり、以下のことが言わんとしていることなのです」と言っています。

言い換え表現 **The thing is ～ .**（重要なことは～です）

フレーズ⑯

🇯🇵 奥歯に物が挟まったような言い方
ですね。

🇺🇸 **Stop beating around the bush.**

 くらべてわかる

「はっきり言わない」「遠まわしに言う」を英語では beat around the bush と言います。「草むら(bush)を叩いて(beat) 獲物を少しずつおびき出す」という表現が元になっています。

言い換え表現 **What are you driving at?** (何が言いたいの?)
Get straight to the point. (はっきり言ってよ)

フレーズ⑯⑦

🇯🇵 彼女は含みを持たせた言い方をしますね。

🇺🇸 **She talks like she's hinting at something.**

 くらべてわかる

hint at ~は「~を匂わせる」という意味です。少しずつヒントを出すようにズバリ言わないというイメージです。

関連表現 **He hinted at his resignation.**
(彼は辞意をほのめかした)

CHAPTER

5

人の表現・行動についての慣用表現

フレーズ ⑯⑧ 🔊 Track 23

🔴 物は言いようですね。

⬇️

🇺🇸 **It's not what you say but how you say it.**

── 日 英 **くらべてわかる** ──

同じことでも、言い方によって伝わり方が違います。「物は言いよう」は、英語では「何を言うか（what you say）ではなく（not）、いかに言うかです（how you say it）」という発想です。

言い換え表現 **Smooth words make smooth ways.**
（物は言いようです）

フレーズ ⑯⑨

🔴 話が違うじゃないですか。

⬇️

🇺🇸 **That's not what you told me.**

── 日 英 **くらべてわかる** ──

英語では、「それはあなたが私に言ったことではない」と発想します。what you told me は「あなたが私に言ったこと」という意味です。

言い換え表現 **That's different from what I heard.**
（それは私が聞いたことと違う）

フレーズ⑰⓪

🔴 話、盛ってません？

⬇

🇺🇸 You're exaggerating the story, aren't you?

― 日 英 くらべてわかる ―

「話を盛る」は「ご飯を盛る」のように「話を多めに付け足す」ことですから、「話を誇張する」「大げさに言う」という意味のexaggerate を使ってみましょう。

言い換え表現 Don't exaggerate.（話、盛っちゃだめですよ）

フレーズ⑰①

🔴 ここだけの話にしてね。

⬇

🇺🇸 This is just between you and me.

― 日 英 くらべてわかる ―

「内密に」とか「大きな声では言えないんだけど」と言うときの表現です。between は「〜と〜の間」という意味ですから、「（この話は）あなたと私の間だけで」ということです。

言い換え表現 Don't tell anybody about this.
（これについては誰にも言わないでね）

　日本語には「危ない橋を渡る」「猫を被る」「親のすねをかじる」など、人の行動を表す慣用表現がありますが、英語でこれらの意味を表すために「橋」や「猫」や「すね」という言葉は使いません。
「危ない橋」にはchance（危険性）、「猫を被る」にはpretend（ふりをする）、「すねをかじる」にはdepend（頼る）を使い、ストレートに表現します。

　また、「チンする」にはnuke、「爆買い」にはspreeのように、口語で使う単語を知っておくのも、日常会話にはとても役立ちます。

フレーズ ⑰ 🔊 Track 24

🇯🇵 **用心に越したことはない。**

🇺🇸 **Better safe than sorry.**

 🔵日 🔴英 くらべてわかる

英語では、「後悔する(sorry)よりも安全である(safe)ほうがいい」と発想します。日本語では、「転ばぬ先の杖」とも言いますね。

言い換え表現 **It's better to err on the side of caution.**
（慎重過ぎるくらい慎重になったほうがいい）

フレーズ⑰

● 危ない橋は渡りたくないな。

I don't want to take a chance.

日 英 くらべてわかる

take a chanceは「イチかバチかやってみる」「賭けに出る」「危険を冒す」のような意味で日常よく使う表現です。英語ではbridge（橋）という語は使いません。

言い換え表現 I don't want to skate on thin ice.
（薄い氷の上でスケートはしたくない→危ない橋は渡りたくない）

フレーズ⑰

● 最近、筋トレにハマってるんだよね。

I'm really into working out these days.

日 英 くらべてわかる

「ハマっている」はintoで表せます。「筋トレ(working out)の中に入り込んでいる(into)」、つまり「筋トレにハマっている」ということです。

言い換え表現 I'm addicted to working out. （筋トレ中毒になってる）
I'm hooked on working out. （筋トレに夢中になっている）

CHAPTER 5 人の表現・行動についての慣用表現

111

フレーズ ⑰ 🔊 Track 24

🔴 裏ワザを教えてあげようか。

⬇️

🇺🇸 **Here comes the trick.**

--- 日 英 くらべてわかる ---

trickは「裏ワザ」のことです。I have an ace up my sleeve. と言うと「袖に（トランプの）エースを持っている」、つまり「奥の手があるよ」というイメージです。

言い換え表現 **I'll tell you useful tips.**
（役に立つちょっとした助言をしてあげるよ）

フレーズ ⑰

🔴 お安い御用です。

⬇️

🇺🇸 **It's a piece of cake.**

--- 日 英 くらべてわかる ---

そのまま訳すと、「1切れのケーキ」となりますが、「ごく簡単なこと」「朝飯前」「楽勝」のような別の意味があります。ひと口で食べられるくらい簡単という発想です。

言い換え表現 **It's a cinch for me.**（私には朝飯前です）
Not a problem at all.（たいした問題ではありません）

フレーズ ⑰

● お手柔らかに。

🇺🇸 Go easy on me.

─ 日 英 くらべてわかる ─

easyは「簡単な」という意味でよく使う形容詞ですが、「厳しくない」「甘い」という意味でもあります。go easy on ～は「～に厳しくしない」ということです。

言い換え表現 **Please don't be too hard on me.**
（あんまり私に厳しくしないでください）

フレーズ ⑱

● 彼はときどき授業をサボってるよ。

🇺🇸 He sometimes skips classes.

─ 日 英 くらべてわかる ─

skipは「スキップする」「軽く飛び跳ねる」という意味ですが、「とばす（予定していたことをしないで済ます）」という意味でも使います。ここでは「サボる」ということになります。

関連表現 **I skipped work and went shopping.**
（仕事をサボって買い物に行きました）

フレーズ ⑰⑨ 🔊 Track 25

● 彼はぼろもうけしているよ。

⬇

🇺🇸 He's raking it in.

― 日 英 くらべてわかる ―

rakeは熊手や草かきなどで落ち葉を「かき集める」という意味です。カジノでギャンブルに勝って、チップを寄せ集めているシーンをイメージしてください。

言い換え表現 He made a bundle.（彼は大金をもうけました）

フレーズ ⑱⓪

● 彼はまだ親のすねをかじっている。

⬇

🇺🇸 He still depends heavily on his parents.

― 日 英 くらべてわかる ―

「すねをかじっている」はdepend on 〜を使うことができます。dependは「頼る」という意味で、on 〜は親の上におぶさるようなイメージです。「おんぶにだっこ」という感じですね。

言い換え表現 He still completely relies on his parents.
（彼はまだ親に頼りきっている）

フレーズ ⑱

● 🔴 **自腹だよ。**

⬇

🇺🇸 **I paid out of my own pocket.**

日英 くらべてわかる

「自腹」は英語では「自分のポケットから支払った」と発想します。日本語で「ポケットマネー」と言いますが、英語のpocket moneyは、通常、子どもが親からもらう「お小遣い」のことです。

関連表現 **I put it on my company tab.**
（会社の経費で落としました）

フレーズ ⑱

● 🔴 **ダメ元でやってみたら？**

⬇

🇺🇸 **You have nothing to lose.**

日英 くらべてわかる

nothing to loseは「失うべきものは何もない」、つまり「ダメでもいいからやってみなさい」と、行動に躊躇している人を励ますひと言です。

言い換え表現 **Let's take a chance.**
（イチかバチかやってみよう）

CHAPTER 5 人の表現・行動についての慣用表現

フレーズ ⑱ 🔊 Track 25

🔴 チンして。

⬇

🇺🇸 Just nuke it.

🔵日 英 くらべてわかる

nukeは「電子レンジで温める（チンする）」という意味で使われるカジュアルな動詞です。「温める」はheat it upとかwarm it upとも言えます。

関連表現 **Just heat it up in the oven.**
（オーブンで温めて）

フレーズ ⑱

🔴 彼女は猫を被っているからね。

⬇

🇺🇸 She's pretending to be a nice person.

🔵日 英 くらべてわかる

「猫を被る」は「いい人のふりをする」と捉えpretend to be a nice personと言うことができます。pretend to be ～は「～であるふりをする」という意味です。

言い換え表現 **She's a wolf in sheep's clothing.**
（彼女は羊の皮を被ったオオカミだ→彼女は猫を被っている）

フレーズ ⑱⑤

🇯🇵 暇な奴だな。

🇺🇸 Don't you have anything better to do?

🇯🇵🇬🇧 くらべてわかる

「君、そんなことやって暇だね」というような意味で使うひと言ですが、英語では、「もっとましなこと (anything better to do) できないの？」と発想します。

言い換え表現 **Don't waste your time.**（時間を無駄にするな）

行動の様子をイメージしよう

　「ぼろもうけする」は rake it in ですが、その反対の「一文無しになる」は lose his/her shirt と言うことができます。「シャツ (shirt) を失う」ですから、「身ぐるみをはがれる」ということです。ギャンブルで勝って「熊手 (rake)」でチップをかき集めている様子や、ギャンブルで負けて身ぐるみをはがれる様子がイメージできますか。このように場面を想像したり、反対の意味を一緒に覚えたりすると、頭の中に印象として残りとても効果的に学ぶことができます。

Column 8

フレーズ 186 🔊 Track 26

🔴 ぼったくられた。

⬇

🇺🇸 **They ripped me off.**

日 英 くらべてわかる

「ぼったくる」は rip off です。rip はもともと「引き裂く」とか「はぎ取る」という意味があります。I was ripped off. と受身形でも言えます。

関連表現 **That's a rip-off!** （それはぼったくりだ!）

フレーズ 187

🔴 ぐっといきましょう！

⬇

🇺🇸 **Bottoms up!**

日 英 くらべてわかる

「グラスの底 (bottom) を上に向ける」、つまり「飲み干す」ということですね。bottom の tt はラ行の音のようになり 2 語つないで［バラム**ザッ**（プ）］のように発音しましょう。

言い換え表現 **Chug it!** （一気に飲み干せ!）
Cheers! （乾杯!）

フレーズ ⑱

● ちょっと油を売っていました。

🇺🇸 I was just fooling around.

── 日 英 くらべてわかる ──

英語では、sell oils（油を売る）とは言いません。「だらだら時間を過ごす」という意味の fool around を使いましょう。

関連表現 I was loafing on the job.（だらだら仕事してた）
I was just shooting the breeze.（雑談で時間をつぶしてたよ）

フレーズ ⑲

● 見て見ぬふりするべきじゃない。

🇺🇸 You shouldn't turn a blind eye to it.

── 日 英 くらべてわかる ──

「見て見ぬふりをする」は turn a blind eye です。「見えていない目 (a blind eye) をそれに (to it) 向ける (turn)」と発想します。it を the wrong actions（不正）などに変えて使えます。

言い換え表現 You shouldn't pretend not to see it.（見えないふりはすべきじゃないよ）
We shouldn't bury our heads in the sand.（現実逃避すべきじゃない）

119

フレーズ ⑲⓪　🔊 Track 26

● 彼女はみんなからちやほやされたいんだよ。

🇺🇸 She wants to be made much of by people.

日英 くらべてわかる

make much of ～は「～を大事にする」という意味です。「ちやほやされたい」は「大事にされたい」と捉え、受身形でwant to be made much ofと言えます。

 She wants to get people's attention.
（彼女は人の注意を引きたいんだよ）

フレーズ ⑲①

● 夕べは帰ったらバタンキューだった。

🇺🇸 I crashed right after I got home last night.

日英 くらべてわかる

「バタンキュー」はcrash、またはcrash outがピッタリです。crashは「墜落する」とか「すさまじい音を立てて倒壊する」という意味ですから、ベッドなどにバターンと倒れるイメージです。

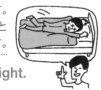

 I passed out right after I got home last night.
（夕べは帰ったらすぐに気を失った→すぐにぐっすり眠った）

フレーズ⑲②

🔵 爆買いしちゃった。

⬇

🇺🇸 I went on a shopping spree.

— 日 英 くらべてわかる —

spreeは「やりたい放題」「三昧（ざんまい）」という意味です。a shopping spreeは「買い物三昧」「爆買い」ということになります。I'm a shopaholic.と言えば、「私は買い物中毒です」という意味です。

言い換え表現 I went on a spending spree.
（爆買いしちゃった）

フレーズ⑲③

🔵 ここは私が。

⬇

🇺🇸 It's on me.

— 日 英 くらべてわかる —

人に食事などをおごるときの表現です。「飲み物は僕がおごるよ」と言いたければ、The drinks are on me.と言えばOKです。meの前にonを忘れないようにしましょう。

言い換え表現 My treat.（僕のおごりね）

CHAPTER
5
人の表現・行動についての慣用表現

能力・評価

「イチオシ」「いまいち」「神対応」など、日本語には口語的な表現でユニークなものがたくさんあります。もちろん英語にも、これらに対応する言い方はあるのですが、少しだけ発想を転換しましょう。
例えば、「神対応」の「神」はGodではなく
kingやqueenを、「宝の持ち腐れ」の「宝」には
talent（才能）を使います。

「インスタ映え」のように流行的に生まれる
言葉も多いですが、英語でもinstagrammable
とかinstagenicという言葉が使われます。

フレーズ⑲④ 🔊 Track 27

● ここはインスタ映えするよ。

🇺🇸 This place is so instagrammable.

── 日 英 くらべてわかる ──

instagrammable（インスタ映えする）はinstagram（インスタグラム）とable（できる）を結合してできた形容詞です。

....

 言い換え表現 **This place is so instagenic.**
（ここはインスタジェニックだね）

フレーズ⑲⑤

● 神対応でした。

 They treated me like a king.

日 英 くらべてわかる

「とても丁重にもてなしたり対応してくれたりする」ということでtreat ~ like a king（～を王様のように扱う）と言います。話し手が女性であれば、kingの代わりにqueenを使います。

言い換え表現 They treated me like a queen. （神対応でした）

フレーズ⑲⑥

● 彼女の演技は非の打ちどころがないですね。

Her performance is impeccable.

日 英 くらべてわかる

impeccableは「申し分のない」「文句のつけようがない」という意味です。His English is impeccable.やimpeccable serviceのように使われます。

言い換え表現 Her performance is perfect. （彼女の演技は完璧です）
Her performance is flawless. （彼女の演技には欠点がありません）

CHAPTER 5 人の表現・行動についての慣用表現

フレーズ ⑲⑦ 🔊 Track 27

🔴 君、筋がいいね。

🇺🇸 You're a natural.

── 日 英 くらべてわかる ──

日本語では「筋」を主語にして「筋がいい」と言いますが、英語ではyouを主語にして、その人の特徴を表します。naturalには「生まれつき才能がある人」という名詞の意味があります。

言い換え表現 You're so talented. (君、才能あるね)

フレーズ ⑲⑧

🔴 あいつ半端ねぇ。

🇺🇸 He's the real deal.

── 日 英 くらべてわかる ──

the real dealは、文字通りには「本当の取引」となりますが、すごいことを成し遂げた人について「やつは本物だ」とか「あの人は優れた人材だ」という褒め言葉として使う表現です。

言い換え表現 He's absolutely incredible.
(彼は本当にすごい)

フレーズ ⑲

● いまいちだな。

■ **Not quite good.**

日英 くらべてわかる

Not quite good.は「まったく良いわけではない」という、「今一つ何か良くないところがある」という部分的な否定の文です。

言い換え表現 **Not good enough.**（いまいちだね）
It could be better.（改善の余地あり）

 フレーズ ⑳

● 上には上がいるよ。

■ **There's always someone above you.**

日英 くらべてわかる

英語では、「あなたの上にいつも誰かいる」と発想します。
There's always someone better than you.（あなたより優れた人は常にいる）と言うこともできます。

関連表現 **She's a cut above us.**
（彼女は私たちより一枚うわてだ）

CHAPTER 5 人の表現・行動についての慣用表現

125

フレーズ ⑳1 🔊 Track 28

 オシャレですね。

 I like your taste.

── 日 英 くらべてわかる ──

人を褒めるときには英語ではよくI like your 〜.を使います。
「私はあなたの〜が好き」、つまり「ステキな〜ですね」「〜の
センスがいいですね」ということです。

関連表現 I like your jacket. （あなたのジャケットが好きです）
I like your earrings. （あなたのイヤリングが好きです）

フレーズ ⑳2

 彼は使えないな。

 He's good for nothing.

── 日 英 くらべてわかる ──

この場合の「使えない」は「役に立たない」ということです。
good for nothingは「何もないことで役に立つ」、つまり「何
も役に立たない」という意味です。

言い換え表現 He's hopeless. （望みがない）

フレーズ 203

🔴 彼は5本の指に入る選手です。

⬇️

🇺🇸 He's one of the top five players.

日 英 くらべてわかる

日本語の「5本の指に入る」は英語では five fingers とは言いません。「トップファイブの1人」(one of the top five~) という発想です。

言い換え表現 He ranks as one of my top five players.
(彼は私の中でのトップ5の選手の一人にランクインしています)

フレーズ 204

🔴 さすがですね。

⬇️

🇺🇸 You're amazing.

日 英 くらべてわかる

英語には、amazing、great、wonderful、impressive など、相手の能力や言動を褒める言葉はたくさんあります。また、Way to go!(よくやった!)という表現もあります。

言い換え表現 Attaboy!(さすがだ!)
You're true to your reputation.(さすが評判通りの人ですね)

CHAPTER

5

人の表現・行動についての慣用表現

フレーズ ⑳⑤ 🔊 Track 28

 それは世間をあっと言わせました。

 That was absolutely sensational.

──🇯🇵英 くらべてわかる──

「世間をあっと言わせるような」という意味には sensational が便利です。absolutely（絶対に、まったく）を使って意味を強調すると効果的です。

言い換え表現 **That was surprising news.**
（それはびっくりするような知らせでした）

フレーズ ⑳⑥

 やればできるじゃない！

 Take a look at that!

──🇯🇵英 くらべてわかる──

take a look は「見る」という意味です。「それ（あなたがやってのけたこと）を見てごらん」、つまり「やればできるじゃない！」「すごいじゃない！」ということです。

言い換え表現 **Look at you!**
（あなたをみてごらん→やるね!）

フレーズ ⑳⑦

● 料理だけが取りえなんです。

⬇

🇺🇸 Cooking is the only thing that I'm good at.

 🇯🇵 🇬🇧 くらべて**わかる**

「〜だけが取りえ」は「得意である唯一のこと」と捉え、the only thing that I'm good atを使ってみましょう。主語をswimming（水泳）などに変えるだけで表現がいろいろ広がります。

 言い換え表現 **My only strength is cooking.**
（私の唯一の強みは料理です）

フレーズ ⑳⑧

● 彼女はナンチャッテ占い師です。

⬇

🇺🇸 **She's a pseudo-fortuneteller.**

🇯🇵 🇬🇧 くらべて**わかる**

pseudo- [**スードウ**] は「にせの」「ごまかしの」「偽りの」という意味の接頭辞で、日本語の「ナンチャッテ」にも当たります。

 言い換え表現 **She's a fortuneteller wannabe.**
（彼女はナンチャッテ占い師です）

CHAPTER

5

人の表現・行動についての慣用表現

フレーズ ⑳ 🔊 Track 29

🔴 あなたは彼にナメられてる。

⬇️

🇺🇸 He underestimates you.

── 日 英 くらべてわかる ──

estimateは「見積もる」「評価する」という意味です。underestimateは「下に見積もる」、つまり「ナメている」「過小評価している」ということです。

言い換え表現 **He takes you lightly.**
（彼はあなたを軽く受け止めている）

フレーズ ⑳

🔴 宝の持ち腐れだね。

⬇️

🇺🇸 It's a waste of talent.

── 日 英 くらべてわかる ──

wasteは「無駄（にすること）」、talentは「才能」ですから、a waste of talentで「才能を無駄にすること」、つまり「宝の持ち腐れ」ということです。

言い換え表現 **Don't waste your talent.** （才能を無駄にしないで）
It's an unused talent. （せっかくの才能が使われていない）

フレーズ ⑪

● イチオシです。

↓

🇺🇸 You won't be disappointed.

─ 🈁英 くらべてわかる ─

You won't be disappointed.は、文字通りには、「あなたは
失望しないだろう」、つまり、「絶対おすすめ」「イチオシ」と
いうことです。

関連表現 **That restaurant is highly recommended.**
（そのレストランはイチオシよ）

フレーズ ⑫

● 紙一重の差です。

↓

🇺🇸 There's only a subtle difference.

─ 🈁英 くらべてわかる ─

「紙一重の差」は、英語ではa subtle difference（わずかな違
い）で表すことができます。subtleのbは発音しません。

言い換え表現 **There's only a slight difference.**（紙一重の差です）
There's not much difference.（たいした差はありません）

CHAPTER 5 人の表現・行動についての慣用表現

フレーズ ⑬ 🔊 Track 29

● それはお門違いよ。

🇺🇸 You're barking up the wrong tree.

日 英 くらべてわかる

「お門違い」は、英語では「誤った木に吠える(bark up the wrong tree)」という発想です。無関係なのに責め立てることで、直接関係ない人に向かって犬が吠えているイメージです。

言い換え表現 **I have nothing to do with it.**
(私はそのことには関係ない)

フレーズ ⑭

● 子どもだましだね。

🇺🇸 That's kid stuff.

日 英 くらべてわかる

「子どもだまし」は、「幼稚過ぎる」とか「大人にはレベルが低い」ということですから、英語では「子どものもの(kid stuff)」と表現します。

言い換え表現 **That's a childish trick.** (子どもだましの仕掛けだね)
That's a monkey trick. (いんちきだよ)

フレーズ ㉕

 可もなく不可もなくという感じです。

 It's neither good nor bad.

日 英 くらべてわかる

「良くも悪くもない」ということですから、neither A nor B（AでもBでもない）を使って表現できます。fairやOKも「まあまあ」という意味で使われます。

言い換え表現 **It's fair.**（まあまあだよ）
He's OK.（彼はまあまあだ）

フレーズ ㉖

 どいつもこいつも。

 Everybody here is unreliable.

日 英 くらべてわかる

「誰も信頼（信用）できない」という意味でunreliableを使ってみましょう。reliableは動詞rely（信頼する）の形容詞で、その反意語がunreliableです。

言い換え表現 **Every place has its share of creeps.**
（どこにでもいやなやつはいる）

CHAPTER 5 人の表現・行動についての慣用表現

フレーズ ㉑⑦ 🔊 Track 29

🔴 どっちもどっちだな。

🇺🇸 They're pretty much the same.

日 英 くらべてわかる

「どっちもどっち」は、英語では「(比べようがないくらい) ほぼ同じ」と捉えます。「同じ」は the same、「ほぼ同じ」は pretty much the same です。

言い換え表現 There's not much difference.
（あまり違いはないね）

フレーズ ㉑⑧

🔴 人ごとではないです。

🇺🇸 It could happen to anyone.

日 英 くらべてわかる

happen to anyone は「誰にでも起こる」という意味です。could は can の過去形ですが、ここでは「かもしれない」という可能性を表して、「誰にでも起こりうる」となります。

言い換え表現 Tomorrow it might be me.
（明日は私かもしれない）

★ ★ ★

人の理解についての
慣用表現

フレーズ 219 〜 251

Track
[30 🔊 33]

励ます・いさめる

「いい加減にしなさい」や「ちゃんとしなさい」のような日常的によく使う日本語でも、英語ではとっさになかなか口から出てこないものです。「いい加減」って何て言うんだろう、とか「ちゃんと」に当たる英語は何なんだろう、と考え出すと、真っ暗闇に入ってしまします。部分的な語句ではなく、表現全体の英語的イメージをつかむことが大切です。

「世の中捨てたもんじゃないね」や「世の中そんなに甘くない」の「世の中」は「人生」と捉え、英語ではlifeを使いましょう。badやeasyという簡単な形容詞を用いて表現できます。

フレーズ ⑲ 🔊 Track 30

 いい加減にしなさい！

⬇

🇺🇸 Enough is enough!

日 英 くらべてわかる

enough（十分）という言葉を2度繰り返しているわけですから、「十分と言ったら十分だ」ということです。「もうたくさんだ」「もううんざりだ」という日本語にも使えます。

 That's enough!（もうそのへんでいいだろう!）
I can't take it anymore!（もう耐えられない!）

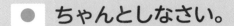

 ちゃんとしなさい。

 Behave yourself.

日 英 くらべてわかる

「行儀よくしなさい」と、子どもによく言って聞かせる表現です。
behaveは「ふるまう」「行儀よくする」という意味です。

言い換え表現 **You are not a child anymore.**
（君はもう子どもじゃないんだよ）

 一発喝を入れてやるよ！

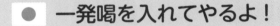 I'll give them a pep talk!

日 英 くらべてわかる

pepは「活気」「気力」という意味です。やる気がなくなって
いる人に「喝を入れる」「激励する」と言うときには、give ～
a pep talk を使ってみましょう。

言い換え表現 **I'll pep them up.** （彼らを元気づけてやるよ）

CHAPTER

6

人の理解についての慣用表現

137

フレーズ ㉒㉒ 🔊 Track 30

● らしくないな。

🇺🇸 It's not like you.

─ 日 英 くらべてわかる ─

「〜のようだ」という意味のlike〜を使い、「君のようではない
(not like you)」と表現しましょう。

言い換え表現 What's wrong with you?
(君、どうしたの?)

フレーズ ㉒㉓

● 考えが甘いよ。

🇺🇸 That's over-optimistic.

─ 日 英 くらべてわかる ─

optimisticは「楽観的な」という意味です。over-optimistic
は「楽観的すぎる」、つまり「考えが甘い」ということです。

言い換え表現 That's extremely optimistic.（極端に楽観的だね）
You're just too optimistic.（楽観的すぎるよ）

フレーズ224

🔴 それは虫が良すぎるというものだ。

🇺🇸 **You're asking for too much.**

日 英 くらべてわかる

「虫が良すぎる」は英語ではask for（要求する）を使い、「要求しすぎ」（ask for too much）という発想をします。

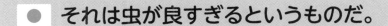

言い換え表現 **Don't expect too much.**（あまり期待しすぎるな）
You're asking for the moon.（不可能なことを望んでいる）

フレーズ225

🔴 世の中捨てたもんじゃないね。

🇺🇸 **Life is not that bad.**

日 英 くらべてわかる

英語では「人生はそんなに悪くない」と言います。つまり、「生きてたらいいこともあるさ」「世の中は悪いことばかりじゃない」ということです。

言い換え表現 **The world is not that bad.**（世界はそんなに悪くない）
Life is not as bad as it seems.（人生は思っているほど悪くはない）

CHAPTER
6
人の理解についての慣用表現

フレーズ ㉖ 🔊 Track 30

 世の中そんなに甘くない。

🇺🇸 **Life is not that easy.**

── 日 英 **くらべてわかる** ──

「簡単な」「楽な」という意味のeasyを使って、「世の中［人生］は (life is) そんなに楽ではない (not that easy)」と発想します。

言い換え表現 **That's your wishful thinking.** （それはあなたの希望的観測です）
It's not as easy as you think it is. （あなたが考えるほどそう甘くはないよ）

フレーズ ㉗

 不幸中の幸いでした。

🇺🇸 **It could've been worse.**

── 日 英 **くらべてわかる** ──

could've beenはcould have been（〜だっただろうに）の短縮形。「その出来事はより悪くなり得ただろう」、つまり「もっと悪いことが起こっていたかもしれない」という意味です。

言い換え表現 **I had a narrow escape.**
（かろうじて難を逃れた）

　日本語には、「私が言うのも何なんですが」とか「ちょっと微妙」など、曖昧な表現があります。英語ではこのような曖昧な言い方はしません。「何なんですが」は「自分が言うことではない」、「微妙」は「確信できない」と、曖昧さを避けはっきり表現するのが英語流です。

　日本語には「人違い」「勘違い」「お門違い」「場違い」「色違い」など、「～違い」という表現がたくさんありますが、英語ではdifference（違い）という語は使いません。例えば、「人違い」は「あなたをほかの誰かだと思った」という発想です。

~かなぁ

CHAPTER

6

人の理解についての慣用表現

フレーズ 228 Track 31

🇯🇵 **勘違いしないでください。**

⬇

🇺🇸 **Please don't get me wrong.**

───── 日 英 **くらべてわかる** ─────

日本語には「勘違い」「人違い」など「～違い」という言葉がありますが、英語には見当たりません。「勘違いする」「誤解する」はget ～ wrong（～を間違ってゲットする）と発想します。

 言い換え表現 **Don't get the wrong idea.**
（間違った考えをもつな）

フレーズ ㉒㉙ 🔊 Track 31

● そこなんですよ。

🇺🇸 That's exactly what I want to say.

───── 日 英 くらべてわかる ─────

「それがまさに私が言いたいことです」という発想です。相手の言及が的を射ているときに使いましょう。

言い換え表現 That's the whole point.（それが重要な点です）

フレーズ ㉓⓪

● それが筋でしょう。

🇺🇸 That's just logic.

───── 日 英 くらべてわかる ─────

logicは「論理」「筋の通った考え」という意味です。That's twisted logic.と言えば「ひねられた（ねじ曲げられた）論理」、つまり「それは屁理屈だ」ということです。

言い換え表現 That's the way it should be.
（そうあるべきでしょう）

フレーズ ㉛

🔴 ストンと落ちました。

⬇️

🇺🇸 **Everything fell into place.**

🔵 英 くらべてわかる

なかなか理解できなくて胸につかえていたものが腑に落ちるとき、英語では「（収まるべき）場所に落ちる（fall into place）」と発想します。fellはfall（落ちる）の過去形です。

言い換え表現 **That makes total sense.**（完全に理解できました）
Oh, now I understand.（あー、やっと今わかりました）

フレーズ ㉜

🔴 ど忘れした。

⬇️

🇺🇸 **It slipped my mind.**

🔵 英 くらべてわかる

Slipは「滑る」という意味でよく使いますが、slip my mindと言うと「ど忘れする」「すっかり忘れる」という意味です。「頭（mind）から覚えていたことが滑り落ちる（slip）」というイメージです。

言い換え表現 **My mind went blank.**
（頭が真っ白になった）＊フレーズ㉝参照

CHAPTER **6** 人の理解についての慣用表現

143

フレーズ ㉝ 🔊 Track 31

🔴 ナゾだね。

🇺🇸 **That's a mystery.**

 日 英 くらべてわかる

「ナゾ」はmystery（ミステリー）です。What he is doing after work is a mystery.（彼が仕事のあと何をしているかはナゾだね）のようにも言えます。

言い換え表現 **That's strange.**（不思議だね）
That's weird.（それは変だね）

 フレーズ ㉞

🔴 何か臭うな。

🇺🇸 **There's something fishy going on.**

日 英 くらべてわかる

fishyは「うさん臭い」「疑わしい」という意味のカジュアルな単語です。もちろん「魚臭い（生臭い）」という意味もあります。

言い換え表現 **Something smells fishy to me.**（何かうさん臭いな）
There's something dubious going on.（何か怪しいことが起こってるな）

フレーズ 235

 バレた？

 You got me.

日 英 くらべてわかる

get（捕まえる）の過去形のgotを使います。You got me.は「あなたは［ウソをついた］私を捕まえた」、つまり「バレたか！」ということです。

言い換え表現 **Oh, you already knew it.**（あら、知ってたんだ）

フレーズ 236

 人違いです。

 I thought you were someone else.

日 英 くらべてわかる

英語に「人違い」という言葉はありません。「あなたは誰かほかの人だと思いました」という発想です。相手に失礼にならないように、文頭にI'm sorry.（すみません）を付けましょう。

言い換え表現 **I'm afraid you got the wrong person.**
（人違いだと思いますよ）

CHAPTER

6

人の理解についての慣用表現

145

フレーズ ㉓⑦ 🔊 Track 32

● 🇯🇵 やっぱりね。

⬇

🇺🇸 That's what I thought.

─ 🇯🇵 🇬🇧 くらべてわかる ─

「やっぱり」は「思っていた通りだ」ということなので、英語では「それは私が思っていたこと」と表現します。

言い換え表現 **Just as I thought.**（まさに私が思ったのと同じだね）
I knew it.（わかってたよ）

フレーズ ㉓⑧

● 🇯🇵 それはどうかな。

⬇

🇺🇸 I doubt it.

─ 🇯🇵 🇬🇧 くらべてわかる ─

doubtは「疑う」という意味の動詞です。「私はそれを［あなたが言ったことを］疑う」と発想します。「それについては疑わしいね」と相手の言ったことを間接的に打ち消すときに使います。

言い換え表現 **I don't think so.**（じゃないと思うよ）

 私にはちんぷんかんぷんよ。

It's all Greek to me.

Greek は「ギリシャ語」という意味ですが、英語圏ではギリシャ語はとても難しい言語だというイメージです。つまり、私にはちんぷんかんぷんで理解しづらいという意味です。

言い換え表現 It all sounds like gibberish to me.
（ちんぷんかんぷんだよ）

 私が言うのも何なんですが…

That's none of my business, but …

business は「個人的な事柄」という意味のカジュアルな単語としても使うことができ、my business は「自分に関係のあること」「私事」と訳せます。

言い換え表現 I don't know if I should say it, but …
（私が言うべきかどうかわかりませんが…）

147

フレーズ ㉑ 🔊 Track 32

● 私たちはツーカーの仲だから。

🇺🇸 We can read each other's minds.

── 日 英 くらべてわかる ──

「ツーカー」は「気心が知れていて、ちょっと言うだけで通じ合える」こと。つまり、「お互いの考えが読める」ということで、英語では can read each other's minds と表現します。

関連表現 I'm on such good terms with him.
（私は彼ととても仲がいい）

フレーズ ㉒

● 私に聞かれても。

🇺🇸 Don't ask me.

── 日 英 くらべてわかる ──

日本語では「私に聞かれても（困ります）」と言いますが、英語では「私に聞かないで」と、表現は直接的になります。

言い換え表現 I'm not the right person to answer that question.
（私はその質問に答えるのにふさわしい人間ではない）

フレーズ ㉔

🔴 ピンとこない。

⬇

 I don't get the point.

── 日 英 くらべてわかる ──

「ピンとこない」は「説明しても言わんとすることが伝わらない」「要点に気づかない」という意味で、英語では don't get the point（言っているポイントがつかめない）と言います。

 言い換え表現 I can't picture it.（パッと思い浮かばない）

フレーズ ㉔㊃

🔴 ここまで出かかってるんだけど。

⬇

 It's on the tip of my tongue.

── 日 英 くらべてわかる ──

日本語では「ここまで」とか「喉まで」と言いますが、英語では「舌の先端」になります。舌の先に乗っていて、口からもうすぐ出そうになっているとイメージしてみてください。

 関連表現 I can't recall his name at the moment.
（今すぐに彼の名前を思い出せない）

149

フレーズ 245 Track 32

ちょっとビミョー。

I'm not quite sure.

日英くらべてわかる

人の誘いを断ったり、見解を否定するとき、日本語では相手を傷付けまいと「微妙」という言葉を使いますね。英語でも、「まったく確信ができるわけではない」とやんわりとした表現が可能です。

関連表現

The new movie was a little disappointing.
（その新しい映画はちょっとビミョー［がっかり］だった）

「理解する」の多様な表現

「理解する」にはunderstandという単語がありますが、フレーズにもあるPlease don't get me wrong.（勘違いしないでください）やI don't get the point.（ピンとこない）のように、getも日常会話ではよく使われる単語です。例えば、Don't you get it?（そんなことも分からないの？）とかI get it.（分かるよ）なども定番の表現です。make senseも「理解する」という意味ですが、主語は人ではなく理解できる対象物になります。It makes sense.（それは理解できます）のように使いましょう。

Column 9

　コミュニケーションは人と人との関係性が基本です。同じ目線で話すのか、上から目線の態度なのかで、人間関係に大きな影響を与えます。
この「目線」という言葉は日本語独特の比喩表現です。
「同じ目線」には英語ではeye（目）ではなくshoes（靴）を使います。
「上から目線」はbossy（威張りたがる）という
形容詞で表すことができます。

　「場違い」と「蚊帳の外」は、いずれも
「外」というイメージがあるので、outを使って
表現してみましょう。

フレーズ⑳㊻ 🔊)) Track 33

🗾 子どもと同じ目線に立つことが
大事です。

🇺🇸 **It's important to put yourself
in children's shoes.**

―― 🇯🇵英 くらべてわかる ――

put ~self in …'s shoesは、文字通りには「…の靴の中に自分自身を入れる」ですが、「…の目線に立つ」「…の立場になって考える」ということです。

 関連表現 **Put yourself in your customers' shoes.**
（お客様の目線で考えなさい）

フレーズ ⓐ247 🔊 Track 33

 水くさいな。

 That's what friends are for.

―🗾英 くらべてわかる ―

「それが (that's) 何のために (what~for) 友だちはいるかだ (friends are)」、つまり「そのための友だちだろう」「それが友だちっていうものだ」という発想です。

言い換え表現 **What are friends for?** （水くさいな）
That's why I'm here for. （そのために私はいるんですよ）

フレーズ ⓐ248

 彼は上から目線なんだよね。

He's kind of bossy.

―🗾英 くらべてわかる ―

偉そうな態度の人を表すときにはbossyという単語があります。bossは「上司」ですから、bossyは「上司面している」人のことです。

関連表現 **She's stuck up.** （彼女は思い上がっている）
He's a snob. （彼はお高くとまっている）

フレーズ ㉔⑨

● 私たちの関係はマンネリ化している。

■ Our relationship is stuck in a rut.

日 英 くらべてわかる

「マンネリ」は英語のmannerismを短縮した和製英語ですが、mannerismは、本来「(特徴的な) 癖」「型にはまった手法」という意味です。日本語の「マンネリ」にはstuck in a rutを使ってみましょう。「(車輪の) わだち (rut) にはまって動けなくなった (stuck)」、つまり「型にはまってしまっている」というイメージで捉えましょう。

フレーズ ㉕⓪

● 場違いな気がする。

■ I feel out of place.

日 英 くらべてわかる

「場違い」は「その場所にはいるべきではない」、つまり「その場所から外に出ているような気がする」という意味でout of placeを使います。

 I don't think I belong here.
(場違いなところにいるみたいです)

CHAPTER **6** 人の理解についての慣用表現

フレーズ ㉛ 🔊 Track 33

● 私たちは蚊帳(かや)の外です。

🇺🇸 **We're out of the loop.**

日英 くらべてわかる

loopは「輪」、out of the loopは「輪から外に」、つまり「集団から無視され、物事に関与できない」という意味で使います。いわゆる、日本語の「蚊帳(かや)の外」ということです。

言い換え表現
We're left out.（置き去りにされてる）
We're ostracized.（仲間外れにされている）

「犬猿の仲」は英語でも犬と猿？

　日本語では、仲が悪いことを「犬猿の仲」と言いますが、英語ではどんな動物を使うのでしょう。英語はThey fight like cats and dogs.、つまり「彼らは猫と犬のようにけんかをする」と発想します。英語では「犬と猿」ではなく「犬と猫」、しかも語順はcats and dogsと猫のほうが先です。逆に、「気が合う」「波長が合う」にはWe have good chemistry. という言い方があります。chemistryは「化学」という意味ですが、「相性」という意味でも使われます。

Column 10

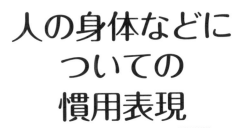

Chapter

7

★ ★ ★

人の身体などに
ついての
慣用表現

フレーズ 252〜295

Track
[34 🔊 39]

Unit 14

人の身体
p156

Unit 15

程度・時間
p171

人の身体

「白い目で見られた」や「頭痛の種」など、日本語には人の身体に関する慣用表現がたくさんあります。英語でそれらを伝える場合、必ずしも日本語と同じ発想で表現できるとは限りません。英語では「白い目」は「冷たい肩」(a cold shoulder)、「頭痛の種」は「首の痛み」(a pain in the neck)という発想です。

また、「長い目で見ると」は「長い走行距離」(long run)、「喉から手が出るほど…」は「欲しくてたまらない」(desperate)のように、英語表現では身体の部分を使わないこともあります。

フレーズ 252　🔊 Track 34

● 頭がこんがらがってきた。

🇺🇸 I'm totally confused.

── 日 英 くらべてわかる ──

confuseは「〜を混乱させる」という意味の動詞です。受身形を使うと「混乱させられている」、つまり「頭がこんがらがっている」ということになります。

言い換え表現 I'm all mixed up. (完全に頭が混乱しちゃった)

フレーズ 253

頭が真っ白になった。

My mind went blank.

日英くらべてわかる

「空白」という意味のblankを使います。go blankは「空白になる」「空っぽになる」、つまり、「頭が真っ白になる」ということです。

使ってみよう!

My mind went blank before my speech. (スピーチの前に頭が真っ白になった)

I was so shocked my mind went blank. (ショックで頭が真っ白になった)

フレーズ 254

彼の努力には頭が下がるよ。

I take my hat off to him for his effort.

日英くらべてわかる

英語圏は頭を下げてお辞儀をする文化ではないので、その代わりにtake my hat off（帽子を脱ぐ）という言い方をします。日本語でも「頭が下がる」ことを「脱帽する」と言いますね。

言い換え表現

I admire his effort. (彼の努力には敬服している)

フレーズ ㉖ 🔊 Track 34

● 彼は彼女の手のひらで転がされている。

🇺🇸 He's wrapped around her little finger.

─ 日 英 くらべてわかる ─

英語では意のままに操られることを「小指に包まれている」と言います。「(小) 指」の[little] finger、「包む」のwrapを使って表現しましょう。

 関連表現 **He does everything she tells him to do.**
（彼は彼女が言うことは何でもする）

フレーズ ㉗

● ちょっと昼寝したら頭が
スッキリするよ。

🇺🇸 A quick nap will clear your head.

─ 日 英 くらべてわかる ─

「スッキリする」にはclearを使ってみましょう。「昼寝があなたの頭をクリアーにする」とイメージします。英語では、nap（昼寝）のような無生物が主語になる場合がよくあります。

 言い換え表現 **You will feel refreshed after a quick nap.**
（ちょっと昼寝したらリフレッシュできるよ）

フレーズ ㉕⑦

● デザートは別腹よ。

🇺🇸 There's always room for dessert.

━ 日 英 くらべてわかる ━

日本語の「別腹」はdifferent stomachでは通じません。room
は「部屋」という意味ですが、「空間」や「余地」という意味で
もあります。「お腹にデザート用の空間」があるという発想です。

言い換え表現 **I still have room for ice cream.**
（アイスクリームはまだ入るよ）

フレーズ ㉕⑧

● 開いた口がふさがらなかったよ。

🇺🇸 I was dumbfounded.

━ 日 英 くらべてわかる ━

dumbfoundedは「言葉も出ないほど驚いて」「あぜんとした」
という意味です。speechless（呆れてものが言えない）を使う
こともできます。

言い換え表現 **I was totally speechless.**（全く言葉が出なかった）
I didn't know what to say.（何を言っていいか分からなかった）

159

フレーズ 259　🔊 Track 35

● 長い目で見ると、そのほうが安いね。

🇺🇸 It's cheaper in the long run.

─ 日 英 くらべてわかる ─

long runは、文字通りには「長く走ること」ですから、in the long runは「長い走りで（考えると）」、つまり「長い目で見ると」ということになります。

言い換え表現 **You can make money in the short run.**
（目先のことだけ考えると[短期的には]もうかる）

フレーズ 260

● 彼は手のひらを返したような
態度になった。

🇺🇸 He completely changed his attitude.

─ 日 英 くらべてわかる ─

「手のひらを返す」とは英語で言いません。「手のひらを返す」は「態度を一変させる」ことですから、「完全に変える」という意味でcompletely changeを使います。

関連表現 **Her attitude suddenly changed.**
（彼女の態度が突然変わった）

フレーズ ㉖

🇯🇵 彼の演技には心をわしづかみされました。

⬇

🇺🇸 **His performance grabbed my heart.**

── 🇯🇵英 くらべてわかる ──

「ギュッとつかむ」という意味のgrabを使ってみましょう。「心をギュッとつかむ」ですから日本語と発想は似ていますね。

関連表現 **I was so impressed with his speech.**
（彼のスピーチにはとても感動しました）

フレーズ ㉖

🇯🇵 頭を冷やせ。

⬇

🇺🇸 **You should cool off.**

── 🇯🇵英 くらべてわかる ──

cool offは「涼しくなる」という意味ですが、「頭を冷やす」「落ち着く」、または「関係が冷める」という意味でも使います。

言い換え表現 **Calm down.** （落ち着け）

CHAPTER

7

人の身体などについての慣用表現

161

フレーズ ㉖㉓ 🔊 Track 35

● 彼女は聞く耳を持っていない。

🇺🇸 **She won't listen to anyone.**

── 日 英 **くらべてわかる** ──

英語では、「聞く耳」を listening ears とは言いません。「誰の言うことも聞こうとしない」と言えばOK。won't は「〜しようとしない」という意味です。

言い換え表現 **She won't listen to what you say.**
（彼女はあなたの言うことに耳を貸さない）

フレーズ ㉖㉔

● 頭おかしいんじゃない？

🇺🇸 **Are you out of your mind?**

── 日 英 **くらべてわかる** ──

out of your mind は「頭（マインド）から外れている」、つまり「気が狂っている」ということです。相手があり得ない行動を取ったりしたときに、あきれて言うひと言です。

言い換え表現 **Are you crazy?**（頭おかしくない?）
You must be off your head.（君は頭がおかしいに違いない）

フレーズ265

頭痛の種だね。

It’s just a pain in the neck.

日英くらべてわかる

「頭痛の種」は英語では「頭の痛み」ではなく「首の痛み」(a pain in the neck) と発想します。日本語の「それがネックになっている」にはneckは使いません。(フレーズ354参照)

言い換え表現 **It gives me a headache.**
(頭痛を与える→頭痛の種だ)

フレーズ266

喉(のど)から手が出るほど情報が欲しい。

I'm desperate for the information.

日英くらべてわかる

「欲しくてたまらない」という意味の形容詞desperateを使ってみましょう。forは「〜を求めて」という意味の前置詞です。

言い換え表現 **I'm dying for the information.**
(情報が死ぬほど欲しい)

フレーズ ㉖㜇 🔊 Track 36

🔴 頭がキーンとする！

⬇

🇺🇸 **Brain freeze!**

🈂️🇬🇧 くらべてわかる

かき氷を食べて頭がキーンと痛くなったときはこのフレーズがピッタリです。「脳」が「氷結」する、つまり、「頭が凍ったように痛い」「キーンとする」ということになります。

関連表現 **I got an ice cream headache.**
（アイスクリームを食べて頭がキーンとした）

フレーズ ㉖㠆

🔴 人を見た目で判断するな。

⬇

🇺🇸 **Don't judge people by appearances.**

🈂️🇬🇧 くらべてわかる

「判断する」は judge、「見た目」「外見」は appearance(s) です。Don't judge people by the color of their skin. と言えば、「人を肌の色で判断するな」ということです。

言い換え表現 **Personality is more important than looks.**
（見た目より中身［人柄］が大切です）

フレーズ ㉖⑨

🔴 目からウロコでした。

⬇

🇺🇸 **The scales fell from my eyes.**

── 日 英 くらべてわかる ──

英語でもscales（ウロコ）を使い「目からウロコが落ちる」と言います。日本語ではプラスのイメージですが、英語では悪いことに気づいたときにも使います。

言い換え表現 **It opened my eyes.**
（目を開かせてくれた→気づかせてくれた）

フレーズ ㉗⓪

🔴 もう頭にきた！

⬇

🇺🇸 **I'm up to here!**

── 日 英 くらべてわかる ──

up to hereは「（我慢の限界が）ここまで（頭まで）上ってきている」、つまり「もう頭にきた！」「ブチ切れた！」ということです。

言い換え表現 **I've had it up to here!** （もう頭にきた!）
OK, that's it! （あー、もうそこまでだ!）

フレーズ ㉛ 🔊 Track 36

 頭がおかしくなりそう。

 It drives me crazy.

― 日 英 くらべてわかる ―

driveは「運転する」という意味でよく使いますが、もともとは「追う」という意味です。「私を頭がおかしくなるところまで追いたてる」、つまり「頭がおかしくなる」ということです。

言い換え表現 I feel like I'm going to lose my mind.
（頭がおかしくなりそうな気がする）

フレーズ ㉜

 目が点になったよ。

 I was like "What?"

― 日 英 くらべてわかる ―

I was like "What?" は「『えっ？（何？）』ってなっちゃった」というイメージです。like ～ は「～のようだ」ですから、I was (just) like ～.は「～って感じだった」という意味になります。

言い換え表現 I didn't know what to say.
（何と言っていいかわからなかった）

フレーズ ㉗

● 彼のドヤ顔には腹が立つ。

His smug face irritates me.

日 英 くらべてわかる

smugは「独りよがりの」「自己満足の」「うぬぼれた」という意味の形容詞で、smug faceとか smug lookで「ドヤ顔」という意味になります。

 関連表現 **He has a smug look on his face.**
（彼はドヤ顔をしていた）

CHAPTER 7 人の身体などについての慣用表現

身体の一部を使った表現の違いも面白い！

　日本語では「関係を断ち切る」ことに「手を切る」という表現を用いることがありますが、これをcut my handsと言ってしまうと、本当に自分の手を切るという意味になってしまいます。英語ではwash my handsです。文字通り「手を洗う」という意味でもありますが、「手を切る」、場合によっては「足を洗う」という意味にもなります。

　「手も足も出ない」もhand（手）やfoot（足）は使わず、head（頭）を使い、It's over my head.と言います。文字通りには「それは私の頭を超えている」、つまり「まったくわからない」「手も足も出ない」ということです。

Column 11

フ レ ー ズ ㉗㊃ 🔊 Track 37

 もう胃が痛いね。

 I feel stressed out.

― 🇯 🇪 **くらべてわかる** ―

日本語では、ストレスなどで精神的にまいってしまっていると
きに「胃が痛い」と言いますが、英語ではstressed out（ス
トレスが溜まっている）と表現します。

言い換え表現 **I'm under a lot of stress.**
（たくさんのストレスを抱えています）

フ レ ー ズ ㉗㊄

 白い目で見られた。

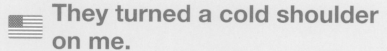 They turned a cold shoulder
on me.

― 🇯 🇪 **くらべてわかる** ―

「白い目」は英語ではwhite eyesではありません。「目」では
なく「肩(shoulder)」を使い、「冷たい肩を向ける(turn a
cold shoulder)」と発想します。

言い換え表現 **They looked at me with disapproval.**
（彼らは非難の目で私を見た）

フレーズ ㉗⑥

● 口が裂けても言えないよ。

🇺🇸 I can't say it no matter what.

── 日 英 くらべてわかる ──

英語ではこの場合「口が裂ける」という言い方はしません。「口が裂けても」は「どんなことがあっても」ということなので no matter what（何が起ころうとも）を使ってみましょう。

言い換え表現 **I can never say it.**
（決して言えません）

フレーズ ㉗⑦

● それは初耳です。

🇺🇸 That's news to me.

── 日 英 くらべてわかる ──

「初耳」は初めて耳にすること、つまり「ニュース」のようなものなので、「私にとってそれはニュースです」と言います。newsのsは［ズ］のように発音します。

言い換え表現 **That's the first time I've heard that.**
（それは初めて聞きました）

169

フレーズ ⑦⑧ 🔊 Track 37

● 口だけは一人前だね。

🇺🇸 **You talk big.**

🇯🇵 英 くらべてわかる

「言うことだけは一人前だね」「口だけは達者だな」は、英語では「大きくしゃべる(talk big)」と発想します。

関連表現 **He's all talk.** （彼は口先だけだね）

フレーズ ⑦⑨

● 彼が背中を押してくれた。

🇺🇸 **He gave me a supportive push on the back.**

🇯🇵 英 くらべてわかる

supportiveはsupportの形容詞で「支えとなる」という意味です。give ～ a supportive pushは「～に支えとなる一押しを与える」、つまり「背中を押す」ということになります。

言い換え表現 **He supported me.** （彼は私を支えてくれた）

170

　英語で文章を作ろうとするとき、どうしても元になる日本語の文章の中の語句をまず訳そうとしてしまいがちです。ここでも英語的発想を身に付ける練習をしましょう。

　「歳には勝てない」「だてに歳をとっていない」にはage（歳）という言葉は使いません。それぞれ「歳をとらざるを得ない」「経験豊か」と発想しましょう。

　「根も葉もない」や「にっちもさっちもいかない」は、英語ではそれぞれgroundless（根拠のない）、stuck（動きが取れない）のように形容詞１語で表すことができます。

フレーズ 280 　🔊 Track 38

● 埒があきません。

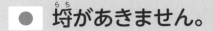

🇺🇸 We're getting nowhere.

 日 英 くらべてわかる

「埒があかない」は「事態が進展しない」ということなので、英語では「どこにも行き着かない」ということでget nowhereを使います。

 We're not getting anywhere.（どこにも行き着かない）
We're not making any progress.（何の進歩もありません）

フレーズ ⑱ 🔊 Track 38

● 全てうやむやになってしまった。

🇺🇸 Everything was kicked into the long grass.

― 日 英 くらべてわかる ―

「うやむやにする」は英語では「長い草の中に蹴り入れる」と表現し、kick ~ into the long grassと言います。「人から忘れ去られるように長い草の中に入れる」と考えます。

 関連表現 He only gave us a vague reply.
（彼はうやむやな返事をした）

フレーズ ⑫

● それは根も葉もない噂です。

🇺🇸 That's a groundless rumor.

― 日 英 くらべてわかる ―

「噂」はrumorです。「根も葉もない」は英語ではroot（根）やleaf（葉）という言葉を使いません。「事実に基づかない」と捉え、groundless（根拠のない）という形容詞がピッタリです。

 関連表現 I don't care about unfounded gossip.
（私は根も葉もない噂話は気にしない）

フレーズ ㉓

🇯🇵 彼女にまたドタキャンされた。

🇺🇸 **My girlfriend cancelled on me again at the last minute.**

日 英 くらべてわかる

「ドタキャン」は「土壇場でキャンセルする」ことですから、cancelと「土壇場で」「最後の最後で」という意味のat the last minuteをつないで表しましょう。

関連表現 **I'm sorry I have to cancel my appointment.**
（予約をキャンセルしなくてはならなくてすみません）

フレーズ ㉔

🇯🇵 あっという間だったね。

🇺🇸 **Time just flew.**

日 英 くらべてわかる

日本語では「時が経つ」のように「時」には「経つ」という動詞を使いますが、英語ではtimeにはfly（飛ぶ）を使います。flewはflyの過去形です。

言い換え表現 **Time sure has a way of flying by.**
（時が経つのは早いものですね）

フレーズ ㉘⑤ 🔊 Track 38

● 挙げ出したらきりがない。

🇺🇸 **The list goes on.**

─ 🈥🈁 くらべてわかる ─

go on は「続く」という意味で、「例のリスト (the list) が長く続く (goes on)」、つまり「ほかにもたくさんある」ということになります。いくつか例を挙げたあと、文末によく使います。

言い換え表現 **There's no ending to it.** (きりがありません)

フレーズ ㉘⑥

● 白黒はっきりつけよう。

🇺🇸 **Let's make it clear.**

─ 🈥🈁 くらべてわかる ─

make は「作る」というイメージが強いですが、「(手を加えて) ある状態にする」という意味もあります。make it clear は「それを明白にする」、つまり「白黒つける」となります。

言い換え表現 **Let's get it straight.**
(それをまっすぐな状態にしよう→はっきりさせよう)

フレーズ ㉘⑦

● それってあるあるですよね。

↓

🇺🇸 **That happens all the time.**

─ 🅙 🅔 くらべてわかる ─

英語では「あるある」というような繰り返しの言葉を使いません。「いつもそれは起こる」、つまり「よくあること」ということです。

言い換え表現 **It always happens.** （いつものことです）

フレーズ ㉘⑧

● それは氷山の一角に過ぎないですよ。

↓

🇺🇸 **That's just the tip of the iceberg.**

─ 🅙 🅔 くらべてわかる ─

日本語の発想によく似ていて、「氷山」の意味をもつiceberg と「先端」のtipをそのまま使います。

言い換え表現 **That's just a small part of a problem.**
（それは問題のほんの一部です）

フレーズ ②⑧⑨ 🔊 Track 39

 あれよあれよという間に、
泥棒は逃げて行ってしまった。

⬇

🇺🇸 Before anyone knew what was
happening, the thief had run away.

─ 日 英 くらべてわかる ─

「あれよあれよという間に」は、「何が起こっているか誰かが知る前に」と捉えます。

言い換え表現 Before we could do anything about it, the thief had run away.
（何か行動を起こす前に、泥棒は逃げていってしまった）

フレーズ ②⑨⓪

 歳には勝てないな。

⬇

🇺🇸 I can't help getting old.

─ 日 英 くらべてわかる ─

can't help ~ingは「〜せざるを得ない」という意味です。can't help getting oldは「歳をとらざるを得ない」、つまり「自然に歳はとっていくものだ」ということです。

言い換え表現 My age is beginning to tell on me.
（年齢は私に［ネガティブなことを］語り始めている）

フレーズ ㉛

● 無きにしもあらずだね。

🇺🇸 It's not impossible.

 日 英 **くらべてわかる**

impossibleはpossible（可能な、あり得る）の否定語で「あり得ない」という意味です。not impossibleで「あり得ないことではない」、つまり「無きにしもあらず」ということになります。

使ってみよう！ **It's not impossible that they can win.**
（彼らが勝つことは無きにしもあらずだ）

フレーズ ㉜

● 微々たるものだ。

🇺🇸 That's a drop in the bucket.

 日 英 **くらべてわかる**

「微々たるもの」は、英語では「バケツの中の一滴」という表現になります。日本語では「雀の涙」とも言いますね。

言い換え表現 **That's a very small amount.**
（とても少ない量です）

フレーズ ㉓ 🔊 Track 39

🇯🇵 にっちもさっちもいかない。

⬇

🇺🇸 I'm stuck.

─ 🇯🇵 英 くらべて わかる ─

stuck は「行き詰まって動きがとれない」「立ち往生」という
状況を表します。

言い換え表現 **I'm in a fix.** （困った立ち位置になってしまいました）
I have no way out. （出口がありません）

フレーズ ㉔

🇯🇵 映画の結末はどんでん返しでした。

⬇

🇺🇸 The movie had a surprise ending.

─ 🇯🇵 英 くらべて わかる ─

「どんでん返し」は a surprise ending で「驚きの結末」とい
うイメージです。「予想外の結末」ということで twist ending
とか final twist と言ったりもします。

関連表現 **The story had a final twist.**
（その物語は予想外の結末だった）

フレーズ ㉂295

● だてに歳をとってないよ。

🇺🇸 **I've been around the block.**

日 英 くらべてわかる

「だてに歳をとってない」とか「かなり経験を積んでいる」は have been aroundです。have been aroundは「この辺りにいる」、つまり「(ずっと生きてきて) 経験豊か」ということです。

関連表現 **I've been through a lot.** (色々苦労してきた)

CHAPTER 7 人の身体などについての慣用表現

「満腹」「空腹」の英語的発想

「お腹いっぱい」は英語でI'm full.と言いますが、I'm stuffed.という口語表現もあります。stuffは「〜を詰める」という意味です。I'm stuffed.は受身形で「私は(お腹を)詰められている」、つまり満腹状態だということです。逆に、「お腹がすいた」はI'm hungry.ですが、I'm starving.とも言います。starveは「餓死する」、つまり現在進行形(be 〜ing)を使って、「餓死しつつある」、つまり「お腹ぺこぺこ(で死にそう)」という意味です。

Column 12

会話で
使おう！

日・英フレーズ
おさらいクイズ!!

学んだフレーズを使って、
下線が引かれた日本語を英語で言ってみよう！

=== Q7 ===

A：ピザおいしかったね。
量が多かったと思うけど、大丈夫だった？

B：私には少し多かったかも。もうお腹いっぱいかな。

A：そっか。ここのお店のケーキ、おいしいって評判
なんだけど、じゃあ頼まなくてもいいよね。

B：食べる食べる！ デザートは別腹よ。

=== Q8 ===

A：ちょっと！ くちゃくちゃ音を
立てて食べるのやめてよ。

B：えっ！ そんなにうるさかった？

A：うん。頭がおかしくなりそう。

B：わかった、ごめんね。やめるよ。

Answers: A7. There's always room for dessert.　　A8. It drives me crazy.

A7:フレーズ257 (P159) ／A8:フレーズ271 (P166)

Chapter
8

★ ★ ★

オノマトペを
英語で言ってみよう!

フレーズ 296〜337

Track
[40 🔊 45]

Unit 16
オノマトペ
p182

オノマトペ

　オノマトペ（擬音語や擬態語）は、日本語と英語では全く異なります。
例えば、水が跳ねる音「パシャッ」はsplash［スプラッシュ］、
ブレーキをかけて車が止まる音「キーッ」はscreech［スクリーチ］です。
splashやscreechという文字を読めたとしても、
何の音を表すのかは分からないことが多いです。

　この章では、日常生活でよく使う日本語の
オノマトペを英語で紹介します。「ザックリ」や
「チャチャッと」など、会話文の中で自然に
使えるようになる練習をしましょう。

フレーズ ㉖　🔊 Track 40

● 今日は肉をがっつり食べたいね。

⬇

🇺🇸 I want to eat a lot of meat today.

日 英 くらべてわかる

「がっつり」はa lot（たくさん）が使えます。a whole lotと
すると意味を強調できます。「がっつり稼いだ」はI made a
whole lot of money.と言えます。

 言い換え表現 **I feel like eating a lot of meat today.**
（今日は肉をがっつり食べたい気分だ）

フレーズ ㉙⑦

● 今夜はパーッといこう。

■ Let's splurge tonight.

日 英 くらべてわかる

splurgeはspend a lot of moneyのことで、「ぜいたくをする」「お金を使いまくる」、つまり「パーッといく」という意味です。「豪遊する」と言うときにはlive it upという言い方もあります。

 関連表現 **I splurged on a trip.**
（旅行にパーッと大金を使った）

フレーズ ㉙⑧

● ザックリと見積もりを出して
もらえませんか。

Could you give me a rough estimate?

日 英 くらべてわかる

「ザックリ」にはおおまかな状態を表すroughを使ってみましょう。この場合、estimateは「見積もり」という名詞です。a rough estimateは「どんぶり勘定」という日本語にも当たります。

 関連表現 **Here is a rough schedule of today's event.**
（今日のイベントのザックリとしたスケジュールです）

CHAPTER 8 オノマトペを英語で言ってみよう！

フレーズ ㉙ 🔊 Track 40

● 何かチャチャッと作るね。

🇺🇸 I'll whip something up for you.

日英 くらべてわかる

whipは本来「〜をむちで打つ」という意味ですが、whip 〜 upで「（料理）をチャチャッと（手早く）作る」という意味で使います。

関連表現 **Tokyo whips up my interest.**
（東京は私の興味をかき立てる）

フレーズ ㉚

● あの子はハキハキ話します。

🇺🇸 She speaks clearly.

日英 くらべてわかる

「ハキハキ話す」はspeak clearlyです。「キビキビした」「はっきりした」と言う意味の副詞briskly を使い、say 〜 brisklyと言うこともできます。

関連表現 **She doesn't enunciate clearly.** （彼女ははっきりと話しません）
I can't articulate my feelings. （私は自分の感情をはっきり表現できない）

フレーズ ㉛

● 膝がズキズキ痛みます。

🇺🇸 I have a sharp pain in my knee.

🇯🇵 英 くらべてわかる

「ズキズキ」のように激しい痛みを表すときはsharpを使いましょう。膝が痛いときにはin my kneeとinを使います。日本人はonを使いがちなので注意しましょう。

関連表現 **I have a sharp pain in my stomach.**
（胃がキリキリと痛みます）

フレーズ ㉚②

● うちの嫁さん、きっとカンカンになって怒るよ。

🇺🇸 My wife will probably hit the ceiling.

🇯🇵 英 くらべてわかる

「カンカンになって怒る」はhit the ceilingです。怒りの感情が天井(ceiling)にぶつかる(hit)くらい腹が立っている様子を表しています。

言い換え表現 **My wife will kill me.** （うちの奥さん、僕を殺すよ→カンカンに怒るよ）
My wife will fly into a temper. （うちの奥さん、かんしゃくを起こすよ）

185

フレーズ ③③ 🔊 Track 41

🔴 お腹ぺこぺこ。

⬇️

🇺🇸 **I'm starving.**

日 英 くらべてわかる

空腹であることを強調する表現です。starve は「飢える」とか「餓死する」という意味です。餓死するくらい「お腹がすいた」ということですね。

言い換え表現 **I'm very hungry.** （すごくお腹すいた）

フレーズ ③④

🔴 お肌がスベスベしていますね。

⬇️

🇺🇸 **Your skin is nice and smooth.**

日 英 くらべてわかる

「肌がスベスベ」とか「肌がツルツル」は smooth で表現します。nice and smooth と言えば、「スベスベしていてキレイ」のようなプラスのイメージが増します。

 My skin is dry. （私の肌、乾燥してるわ）
関連表現 **Your skin is nice and soft.** （お肌が柔らかくてキレイですね）

フレーズ305

髪の毛がサラサラしているね。

You have silky and smooth hair.

日英くらべてわかる

「髪の毛サラサラ」のイメージはsilkyや「お肌スベスベ」と同じsmoothで表します。「クルクル」はcurly、「チリチリ」はkinkyを使ってみましょう。

関連表現
My hair is messy.（髪の毛ボサボサだわ）

フレーズ306

外は雨がしとしと降っている。

It's drizzling outside.

日英くらべてわかる

雨の降り方にはいろいろありますが、「しとしと降る」はdrizzleです。雨が「パラパラ（ポツポツ）降っている」はIt's sprinkling.と言います。

関連表現
It's pouring.（雨がザーザー降っている）

フレーズ ③⑦ 🔊 Track 41

● 彼に会うと胸がキュンキュンする。

🇺🇸 He makes my heart ache.

── 日 英 くらべてわかる ──

「胸がキュンキュンする」は、英語では「恋心で胸が痛む」と捉えます。acheは「痛む」「うずく」、makeは「〜させる」という意味です。

言い換え表現 He makes my heart flutter.
（彼を見ていると胸がときめく）

フレーズ ③⑧

● 彼にメロメロ。

🇺🇸 I'm melted by his looks.

── 日 英 くらべてわかる ──

「メロメロ」は英語では心が溶けそうなイメージです。melt（溶かす）を使い、「彼のルックスに溶かされている」と考えます。「うっとり」や「ぞっこん」という日本語にも当たる表現です。

言い換え表現 I'm melted by his voice.（彼の声にメロメロ）
I'm fascinated by his looks.（彼に魅了されている）

フレーズ ⑨

● 人前でイチャイチャするな。

🇺🇸 Stop acting lovey-dovey in public.

日英 くらべてわかる

「イチャイチャ」は lovey-dovey で、「ラブラブ」や「ベタベタしている」という日本語にも使える表現です。act は「振る舞う」、in public は「公衆の面前で」という意味です。

関連表現 **John flirts with girls all the time.**
（ジョンはいつも女の子といちゃついている）

フレーズ ⑩

● 猫がスリスリしてきた。

🇺🇸 A cat snuggled up to me.

日英 くらべてわかる

「スリスリする」ことを snuggle up と言います。snuggle は「すり寄る」「寄り添う」という意味で、恋人や動物に対して使えます。どちらかと言うと女性がよく使う表現です。

関連表現 **Cuddle me.**（スリスリして、ギュッとして）

CHAPTER

8

オノマトペを英語で言ってみよう！

189

フレーズ ③11 🔊 Track 42

🇯🇵 彼は皿に盛ってある食べ物を
ガツガツ食べた。

🇺🇸 **He scarfed down everything on his plate.**

── 日 英 **くらべてわかる** ──

「ガツガツ食べる」は scarf down で表すことができます。食べ物を「バカ食いする」、飲み物を「がぶ飲みする」、スナック類を「ボリボリ食べる」という意味でも使います。

関連表現 **He eats like a horse.** （彼は大食漢だ）
He ate everything on his plate like a pig. （彼は皿に盛ってある食べ物をガツガツ食べた）

フレーズ ③12

🇯🇵 今日みたいな暑い日にはキンキンに
冷えたビールに限るね。

🇺🇸 **I love an ice-cold beer on a hot day like today.**

── 日 英 **くらべてわかる** ──

「キンキンに冷えている」は ice-cold です。「氷のように冷たい」という発想です。an ice-cold look と言えば、「氷のように冷たい表情」という意味になります。

関連表現 **She has an ice-cold look on her face.**
（彼女は氷のように冷たい表情をしている）

フレーズ ㉝

● グイグイ来るね。

🇺🇸 He is a little too forward.

日 英 くらべてわかる

forwardは「前方へ（の）」という意味でよく使いますが、「出しゃばりの」「ぶしつけな」という意味でもあります。「遠慮がないね」「ズバリ言うね」という日本語にも当たります。

言い換え表現 **He is a little pushy.** （彼は少し押しが強いね）
He puts his nose into my business. （彼は私のことに首を突っ込んでくる）

フレーズ ㉞

● くよくよするな。

🇺🇸 Don't worry too much.

日 英 くらべてわかる

「くよくよする」はworry too much（心配し過ぎる）とイメージします。worrywart(心配性の人)やfret(悩む)を使って表すこともできます。

言い換え表現 **Don't be a worrywart.** （心配するな）
Don't fret about it. （思い悩むな）

フレーズ ③⑮ 🔊 Track 42

● 蛇口から水がポタポタ落ちている。

⬇

🇺🇸 **Water is dripping from the faucet.**

日 英 くらべてわかる

dripは「ポタポタ落ちる」という意味です。「ドリップコーヒー (drip coffee)」を思い出してください。faucetは「蛇口」です。intravenous dripは「点滴」という意味です

言い換え表現 **The faucet is dripping.**
（蛇口から水がポタポタ落ちている）

フレーズ ③⑯

● 新婚ホヤホヤです。

⬇

🇺🇸 **They just got married.**

日 英 くらべてわかる

「新婚ホヤホヤ」は、英語では「結婚したばかり」と言います。「でき立てホヤホヤ」は、It's just come out of the kitchen.（厨房から出てきたばかり）と考えます。

言い換え表現 **They're newlyweds.**（彼らは新婚夫婦です）

フレーズ ㉛⑦

● 心臓がバクバクしている。

🇺🇸 **My heart is beating so fast.**

日 英 くらべてわかる

「心臓がバクバクする」は鼓動が激しい様子を表しますので、英語では「心臓が(my heart)とても早く(so fast)打っている(is beating)」とイメージします。

関連表現 **My heart is throbbing.** (心臓がドキドキしている)
I'm so nervous. (とても緊張しています)

日常英会話で戸惑うオノマトペ

　日本語のオノマトペの特徴の1つに、「ツルツル」や「パリパリ」など、同じ音の繰り返しがあります。日本語を学ぶ海外の人たちは、それらの使い方は覚えるのですが、例えば、「ツルツル」と床が滑りやすい状態に、なぜ「ツ」と「ル」を使うのか、「パリパリ」とチキンが固く焼けている状態に、なぜ「パ」と「リ」を使うのかが不思議でしょうがないようです。日本人であっても、その理由を答えるのはとても難しいですね。英語では、繰り返しのオノマトペは多くありません。例えば、床が「ツルツル」は slippery、フライドチキンが「パリパリ」は crispy という形容詞を用います。

Column 13

CHAPTER **8** オノマトペを英語で言ってみよう！

フレーズ ③18 🔊 Track 43

🔴 手がベタベタしている。

⬇

🇺🇸 My hands are sticky.

─ 🇯🇵🇬🇧 くらべてわかる ─

stickは「くっつく」という意味の動詞、stickyはくっつくようなイメージで「ベタベタする」という意味の形容詞です。
sticky note（くっつくメモ）は「付箋」のことです。

関連表現 It will be sticky tomorrow.
（明日は蒸し暑くなる）

フレーズ ③19

🔴 店員さんにじろじろ見られた。

⬇

🇺🇸 The salesclerk kept staring at me.

─ 🇯🇵🇬🇧 くらべてわかる ─

stareは「じっと見る」という意味ですので、「じろじろ見る」は「じっと見続ける」と発想しkeep staringと言います。
keep ~ingは「~し続ける」という意味です。

関連表現 Babies stare at people's faces.
（赤ちゃんは人の顔をじっと見る）

フレーズ ㉛

 ● ドアを開けるたびにキーキーいう。

🇺🇸 **The door squeaks every time I open it.**

─ 日 英 くらべてわかる ─

squeakは「（ドアが）キーキー音を立てる」「きしむ」という意味の動詞です。その形容詞squeakyを使ってa squeaky voiceと言うと「キーキー声」「甲高い声」になります。

関連表現 **She has a squeaky voice.**
（彼女は甲高い声をしている）

フレーズ ㉛

 ● どんどん食べて。

🇺🇸 **Dig in.**

─ 日 英 くらべてわかる ─

料理を作った人が、お客さんや家族に対して料理をすすめる表現です。dig inは「食べ始める」とか「かぶりつく」という意味で、パーティーなどでもよく使われます。

言い換え表現 **Eat as much as you want.** （好きなだけ食べて）
Help yourself to any food you like. （好きなものを取って食べて）

CHAPTER **8** オノマトペを英語で言ってみよう！

195

フレーズ322 Track 43

彼女に未練タラタラ。

I can't get over her.

日英くらべてわかる

get overは「乗り越える」「克服する」という意味です。「未練タラタラ」は英語では「乗り越えられない」「克服できない」と捉え、can't get over ~と言います。

言い換え表現
I still miss her.（まだ彼女がいないと寂しい）
I still can't stop thinking about her.（まだ彼女のことを考えることをやめられない）

フレーズ323

ハエが頭の周りをブンブン飛んでいた。

Flies buzzed all around my head.

日英くらべてわかる

「ブンブン音を立てる」ことを英語ではbuzzと言います。ハエ(fly)など虫から聞こえる羽の音をイメージしてください。ブザーは「ブー」という音が鳴るのでbuzzerと言います。

関連表現
Give me a buzz.（電話して）
I have a buzzing sound in my ear.（耳鳴りがする）

フレーズ 324

彼女は人にペラペラしゃべってしまう。

She has a big mouth.

日英くらべてわかる

a big mouthは「口が軽い人」「おしゃべりな人」を表すときに使います。日本語の「ビッグマウス」は「大口を叩く人」という意味で使うので、英語のa big mouthとは意味が異なります。

関連表現
She talks a lot.（彼女はよくしゃべる）
She speaks English fluently.（彼女は英語をペラペラ話す）

フレーズ 325

風で窓がガタガタ揺れた。

The windows rattled in the wind.

日英くらべてわかる

窓や車や電車が「ガタガタと音を立てて揺れる」という意味にはrattleという動詞が便利です。rattlesnakeは「ガラガラヘビ」のことです。

関連表現
The car engine is making a rattling sound.
（車のエンジンがガタガタ言っている）

フレーズ ㉖　🔊 Track 44

 みんな夕べはガンガン飲んだよ。

🇺🇸 **We went on a binge last night.**

日 英 くらべてわかる

bingeは「過度にやりすぎること」、特に「お酒をガンガン飲むこと」や「食べすぎ」という意味で使います。go on a bingeの形で使いましょう。

 We went out boozing.（みんなガンガン飲んだよ）
Let's drink the night away.（今夜は飲み明かそう）

フレーズ ㉗

 みんなの意見がバラバラでした。

🇺🇸 **We all had different opinions.**

日 英 くらべてわかる

「意見がバラバラ」は「異なった意見を持っている」と捉えhave different opinionsと言えます。

We couldn't reach an agreement.
（合意に至りませんでした）

フレーズ ㉘

● 会議ではみんなピリピリしていました。

🇺🇸 There was a strained atmosphere in the meeting.

日 英 くらべてわかる

strainedは「緊迫した」「ピリピリした」という意味です。tense（張りつめた）を使って a tense atmosphereと言うこともできます。

関連表現 **I was on pins and needles.**
（私は落ち着かずにピリピリしていました）

フレーズ ㉙

● もうヘトヘトだよ。

🇺🇸 I feel worn out.

日 英 くらべてわかる

wear outは「すり減らす」という意味です。wornはwearの過去分詞で受身的に使い、worn outで「身体がすり減らされている」、つまり「とても疲れている」とイメージしましょう。

関連表現 **I feel exhausted.**（疲れ果てている）
You look beat.（すごく疲れているように見えるよ）

フレーズ ③③⓪ 🔊 Track 44

🔴 ピカピカの新車だね。

⬇

🇺🇸 **You have a shiny new car.**

─ 日 英 くらべてわかる ─

「ピカピカ」は shine（輝く）の形容詞 shiny（光沢のある、ピカピカの）が便利です。「床がピカピカしている」も The floor is so shiny. です。

関連表現 **The floor is so slippery.**（床がツルツルしている）
The kitchen is spick and span.（キッチンは小ぎれいでピカピカ）

フレーズ ③③①

🔴 私の部屋は結構ごちゃごちゃしています。

⬇

🇺🇸 **My room is kind of messy.**

─ 日 英 くらべてわかる ─

messy は「ごちゃごちゃしている」「散らかっている」という意味で、部屋や机の上の様子によく使います。また、His handwriting is messy.（彼の字はひどい）のようにも使います。

言い換え表現 **This room is a mess.**
（この部屋はごちゃごちゃだね）

フレーズ ③③②

● なんかちょっとフラフラします。

🇺🇸 I feel kind of dizzy.

━ 日 英 くらべてわかる ━

dizzyは「めまいがする」「フラフラする」という意味の形容詞です。feel dizzyやget dizzyという形でよく使います。「暑さでフラフラする」はI feel dizzy with the heat.です。

言い換え表現 **I can't walk straight.** ([フラフラして] まっすぐ歩けない)
I feel like I'm spinning. (頭が回っているように感じる)

フレーズ ③③③

● 電車はガラガラだった。

🇺🇸 The train was almost empty.

━ 日 英 くらべてわかる ━

「ガラガラ」はalmost empty(ほとんど空っぽ)で表現できます。「電車にはほとんど乗客は乗っていなかった」ということです。

関連表現 **The train was not as busy as usual.**
(電車はいつものようには混んでいなかった)

CHAPTER **8** オノマトペを英語で言ってみよう！

フレーズ ③③④ Track 45

🔴 家でゴロゴロしていたよ。

🇺🇸 I just stayed home and took it easy.

日 英 くらべてわかる

take it easy（のんびりする）を使います。couch potatoは
長いす（couch）に座ってジャガイモ(potato)のようにゴロゴ
ロしている人を指します。

関連表現 **I'm a homebody.**（家にいるのが好き）
She has agoraphobia.（彼女はひきこもりだ）

フレーズ ③③⑤

🔴 ブツブツ言うな。

🇺🇸 Stop grumbling.

日 英 くらべてわかる

「不平をブツブツ言う」「ぼやく」は grumble がピッタリです。
complain（文句を言う）は率直に不満を表現するのに対して、
grumbleはブツブツとつぶやく感じで、機嫌の悪さを表します。

言い換え表現 **Stop complaining.**（文句を言うな）

フレーズ ③③⑥

🔴 今日はキレキレだね。

⬇

🇺🇸 You're so sharp today.

─ 日 英 くらべてわかる ─

「キレキレ」は「冴えている」という鋭いイメージを持つ表現なので、sharp（鋭い）を使います。

関連表現 Her mind is so clear.（彼女は頭が冴えているね）
You're sharp as a tack.（画びょうのように鋭いね）

フレーズ ③③⑦

🔴 何をぐずぐずしているの？

⬇

🇺🇸 What are you waiting for ?

─ 日 英 くらべてわかる ─

例えば、出かける前にぐずぐずしている人に急ぐようにと促すひと言です。文字通りには、「あなたは何を待っているのですか」、つまり「ぐずぐずしないで早く行こうよ」ということです。

言い換え表現 You should hurry up.（急いだほうがいいよ）

CHAPTER **8** オノマトペを英語で言ってみよう！

会話で使おう！

日・英フレーズ
おさらいクイズ!!

学んだフレーズを使って、
下線が引かれた日本語を英語で言ってみよう！

─── Q9 ───

A：疲れた…どれだけ歩けばいいの？

B：今10キロくらい歩いたから…
伊豆まではあと10キロほどね。

A：まだ半分なの！？　お腹ぺこぺこ。もう動けない。

B：いったん休憩しましょう。はい、おにぎり。

─── Q10 ───

A：（店員さんに見られて
はずかしいな…外に出よう）

B：Aさん！　偶然ね。　服買わないの？

A：はい。店員さんにじろじろ見られたんです。
なんか買いづらくて。

B：わかるわあ。ずっと見られると緊張しちゃうものね。

Answers: A9. I'm starving.　　A10. The salesclerk kept staring at me.

A9：フレーズ303（P186）／A10：フレーズ319（P194）

204

★  ★

カタカナ英語と
本当の英語

フレーズ 338～365

Track
[46 ◀)) 49]

Unit 17
和製英語
p206

Unit 17 和製英語

日本語の中には、そのままでは使えない
カタカナ英語がたくさんあります。
カタカナ英語には、「クールビズ」や
「ツーショット」など、日本人独特の発想で
作られたものもありますし、「リストラ」や
「セレブ」のように、restructuring や celebrity が
短縮され、かつ意味が少し変化したものもあります。
「ブラック企業」の「ブラック(black)」や「スルー(through)」など、
ちゃんとした単語ですが、そのままでは意味が上手く伝わりません。
カタカナ英語は実際の英語ではどう使われるのかを、
日常会話の表現の中で見ていきましょう。

フレーズ ③③⑧　 🔊 Track 46

● あの会社はブラック企業だ。

🇺🇸 **That company has sweatshop-like environments.**

─ 日 英 くらべてわかる ─

sweatshop は本来、「低賃金で長時間働かせる工場」のこと
ですが、sweatshop-like environments は「sweatshop の
ような劣悪な労働環境」という意味で、一般企業にも使えます。

 言い換え表現 **That's a company with terrible working conditions.** (あそこはひどい労働条件の会社だ)

 いつもお客様のクレームの対応に
追われています。

🇺🇸 **We always have to handle
customer complaints.**

日英 くらべてわかる

日本語で「クレーム」は「苦情」という意味になりますが、英語のclaimは「主張（する）」という意味です。英語で「苦情」はcomplaint、「顧客の苦情」はcustomer complaintです。

関連表現 **Many people are complaining about
the product.**（多くの人がその製品にクレームをつけている）

 ツーショットで写真撮ってあげるよ。

🇺🇸 **Let me take a picture of you
two together.**

日英 くらべてわかる

「ツーショット」は和製英語ですのでtwo shotでは通じません。文字通り、take a picture of you two together（[あなたたち] 2人一緒に写真を撮る）と表現します。

関連表現 **I'll take a picture of you and your
boyfriend.**（君と彼氏のツーショットを撮ってあげるよ）

CHAPTER 9 カタカナ英語と本当の英語

フレーズ341 Track 46

彼女は僕のメッセージをスルーした。

She ignored my message.

日英くらべてわかる

「スルーする」はthrough（～を通って）が元になった和製英語ですが、「無視する」という意味でignoreを使いましょう。

関連表現 **She brushed off his suggestion.**
（彼女は彼の提案を受け流した）

フレーズ342

彼、本当にマイペースだね。

He does things at his own pace.

日英くらべてわかる

「自分のペースで」と言いたいときには、at one's own paceが便利です。「マイペースで勉強する」はI study at my own pace.です。

言い換え表現 **He never thinks about other people.**
（彼はほかの人のことを考えない→自分のやり方で物事を進める）

フレーズ ③④③

● 彼にはカリスマ性がある。

🇺🇸 He has great charisma.

── 日 英 くらべてわかる ──

「カリスマ」は英語ではcharismaです。この場合、「カリスマ性」の「性」は英語にしなくても大丈夫です。charismaは［カ**リ**ズマ］のように発音します。

 関連表現 **He's a charismatic leader.**
（彼はカリスマ的リーダーだ）

フレーズ ③④④

● 今日はラフな格好ですね。

🇺🇸 You're wearing casual clothes today.

── 日 英 くらべてわかる ──

英語のroughは「荒っぽい」「ざらざらした」のような意味で、日本語で言う「ラフな格好」はcasual clothesです。着ていて「心地よい［楽な］服」はcomfortable clothesです。

 関連表現 **You don't need to dress up.**
（正装する必要はありません）

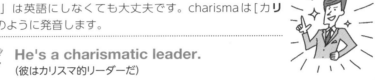

209

フレーズ ㉟ 🔊 Track 47

● 去年多くの従業員がリストラにあった。

Many employees were fired from their jobs last year.

— 日 英 くらべてわかる —

「リストラ」はrestructuringの短縮語で、restructuringは本来「経営再構築」のこと。「解雇する」という意味ではありません。「解雇する」「クビにする」は「火」と同じ単語のfireです。

 関連表現 **I got laid off.** （解雇された）
I was advised to resign. （私は辞職勧告を受けた）

そのままでは通じない和製英語

　「マイバッグ持ってますか」という意味で、Do you have my bag?と英語で尋ねても、No. I don't have your bag.（いや、あなたのバッグを私が持っているわけないですよ）と答えが返ってきそうです。英語でmy bagは、あくまでも「私のバッグ」です。「買い物のために持ち歩くバッグ」という意味はありません。

　英語では、「マイバッグ」はreusable bag（再利用可能なバッグ）、「マイカー」はpersonal car（個人的な車）、「マイナンバー」はindividual number（個人番号）と言います。

Column 14

210

フレーズ ㉞⑥

● クールビズで出社しています。

We don't wear jackets and ties in our company.

日 英 くらべてわかる

「クールビズ」は「涼しい格好で仕事をする」、つまり上着やネクタイは着用しないということなので、英語では wear no jacket and tie と言えます。

言い換え表現 **We work in comfortable clothing.**
（楽な服で働いています）

フレーズ ㉞⑦

● これは最高のビジネスチャンスですよ。

This is an excellent business opportunity.

日 英 くらべてわかる

「ビジネスチャンス」は business opportunity です。business chance とは言いません。「ビジネスチャンスを広げる」は expand a business opportunity です。

関連表現 **We should increase the number of business opportunities.** （ビジネスチャンスの数を増やすべきだ）

CHAPTER **9** カタカナ英語と本当の英語

フレーズ ③④⑧ 🔊 Track 48

🔴 今度こそリベンジします。

🇺🇸 I'll definitely win next time.

🔵日 英 くらべてわかる

日本語で「リベンジする」は、スポーツなどで敗北したあとに「次は勝つぞ」という「雪辱」や「再挑戦」を意味しますが、英語の revenge は「復讐する」という意味です。

言い換え表現 We'll beat them next time. (今度は勝つぞ)

フレーズ ③④⑨

🔴 このレストランはセレブに人気です。

🇺🇸 This restaurant is popular among super rich people.

🔵日 英 くらべてわかる

「セレブ」は celebrity の短縮語です。日本語の「セレブ」は「お金持ち」の意味で使われますが、celebrity は俳優や歌手などの「有名人」という意味です。super rich がピッタリです。

関連表現 She's filthy rich. (彼女は大金持ちだ)
Extremely wealthy people live in this area. (このあたりにはセレブが住んでいる)

フレーズ ㉟⓪

🇯🇵 仕事に関して若手をフォローして
あげてください。

🇺🇸 **Can you help the younger
guys with their work?**

── 🇯🇵英 くらべてわかる ──

この場合の「フォローする」は「補って助ける」の意味で、日
常会話ではhelpやhelp 〜 outを使います。英語のfollowは「つ
いていく」「ツイッターでフォローする」といった意味です。

言い換え表現 **Can you support [back up] the younger
guys with their work?** （仕事に関して若手をフォローできますか?）

CHAPTER **9** カタカナ英語と本当の英語

フレーズ ㉟①

🇯🇵 仕事を息子にバトンタッチしました。

🇺🇸 **I passed my job on to my son.**

── 🇯🇵英 くらべてわかる ──

「バトンタッチする」という和製英語は、「受け継がせる」とい
う意味ですから、〈pass 〜 on to 人〉の形で表します。pass
は「渡す」「（ボールなどを）パスする」という意味です。

言い換え表現 **I passed the baton to my son.**
（息子にバトンタッチした）

フレーズ ③⑤② 🔊 Track 48

🇯🇵 上司からパワハラを受けた。

🇺🇸 I was harassed by my boss.

── 日 英 くらべてわかる ──

「パワハラ」や「パワーハラスメント」は和製英語です。英語では harass（嫌がらせをする）を使い、例えば、I was harassed と 受身形にします。

 関連表現 **I was sexually harassed at work.**
（職場でセクハラを受けました）

フレーズ ③⑤③

🇯🇵 それは会社のイメージアップに つながります。

🇺🇸 That can improve the company's image.

── 日 英 くらべてわかる ──

「イメージアップ」は和製英語です。この場合、improve the company's image（会社のイメージを向上させる）と言います。improve は「向上させる」です。

 関連表現 **My grades have improved a lot.**（成績がアップした）
It'll damage your image.（それは君のイメージダウンにつながる）

フレーズ ㉞

● それがネックになっている。

⬇

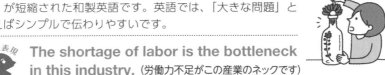 That's the major problem.

─ 日 英 くらべてわかる ─

「障害」という意味での「ネック」は、英語のbottleneck（障害）が短縮された和製英語です。英語では、「大きな問題」と言えばシンプルで伝わりやすいです。

 関連表現 **The shortage of labor is the bottleneck in this industry.** （労働力不足がこの産業のネックです）

フレーズ ㉟

● それには多くのメリットがあります。

⬇

There are many advantages to it.

─ 日 英 くらべてわかる ─

「メリット」は、「利点」という意味ではmerit（長所）ではなくadvantageを使います。demeritは「短所」という意味で、日本語の「デメリット」にはdisadvantageを使います。

 関連表現 **It's a win-win situation for everyone.** （みんなにとってメリットがある）

CHAPTER

9

カタカナ英語と本当の英語

フレーズ(356) Track 48

タイヤがパンクした。

I got a flat tire.

日英くらべてわかる

「パンク」は英語でflat tireです。flatは「平らな」「ぺちゃんこの」という意味です。「ぺちゃんこのタイヤ」と発想しましょう。主語はIの代わりにMy carでも大丈夫です。

関連表現 **This beer is flat.**（このビールは気が抜けている）

フレーズ(357)

ケースバイケースです。

It depends.

日英くらべてわかる

「ケースバイケース」は「時と場合による」ということですから、It depends.がよく使われます。case by caseは「個別に」という意味です。

使ってみよう **It depends on the person.**（人によってケースバイケースです）
It depends on the situation.（状況によってケースバイケースです）

フレーズ ㉜

🔴 テンション上がる〜。

⬇️

🇺🇸 I'm so excited.

─ 🇯🇵英 くらべてわかる ─

英語でtensionは「ピンと張っていること」や「緊張状態」を意味します。日本語の「テンションが上がる」は「気持ちが高揚する」「ワクワクする」ことなので、so excitedを使います。

関連表現 **You're extra hyper today.**
(今日はテンション高いね)

フレーズ ㉝

🔴 ピンチをチャンスに変えよう。

⬇️

🇺🇸 Tough times bring opportunities.

─ 🇯🇵英 くらべてわかる ─

「ピンチ」は、英語では「大変なとき」と捉えtough timesと言います。「大変なとき(tough time)は好機(opportunity)をもたらす(bring)」とイメージしましょう。

言い換え表現 **Turn a crisis into an opportunity.**
(危機を好機に変えろ)

フレーズ ③⑥⓪　🔊 Track 49

 もう彼はベテランだから。

⬇

He already has a lot of experience.

日 英 くらべてわかる

「ベテラン」はveteranとも言いますが、veteranは「退役軍人」という意味で使うことが多く、「経験豊か」という意味では have a lot of experience を使いましょう。

 関連表現 **She's a nurse with a lot of experience.**
（彼女はベテラン看護師です）

フレーズ ③⑥①

 夢の実現に向けてチャレンジしてみてください。

⬇

Do your best to make your dream come true.

日 英 くらべてわかる

英語でchallengeは「（人）に勝負を挑む」とか「異議を申し立てる」という意味でよく使います。日本語の「チャレンジする」にはdo one's bestやtryのほうがベターです。

関連表現 **Go for it!** （がんばって!）
Stick to it! （最後までがんばれ!）

フレーズ㊱

● もっとメンタルを鍛えなさい。

🇺🇸 Improve your mental strength.

― 日 英 くらべてわかる ―

mentalは「精神の」「心の」という意味の形容詞なので、この場合、mental strength（精神力）を使いましょう。

 関連表現 **I'm mentally weak.**（私、メンタルが弱いんです）

フレーズ㊳

● これはオフレコでお願いします。

🇺🇸 This is off the record.

― 日 英 くらべてわかる ―

「オフレコ」はoff the recordです。offは「離れて」、recordは「記録」ですから、「記録から離れて」、つまり「記録しない」「オフレコの」という意味になります。

 言い換え表現 **Don't share this information with other people.**（この情報を口外しないように）

フレーズ ③⑥④ 🔊 Track 49

● 完全にアウトでしょ。

⬇

🇺🇸 That's completely out of the question.

─ 日 英 くらべてわかる ─

「アウトでしょ」は「絶対にダメなことでしょう」ということですから、「論外だ」「問題外だ」という意味の out of the question が使えます。

関連表現
 That's not going to happen.
（起こり得ないことでしょう）

フレーズ ③⑥⑤

● ググってみて。

⬇

🇺🇸 Just google it.

─ 日 英 くらべてわかる ─

日本語で「グーグルで検索する」ことを「ググる」と言うように、Google という名詞が動詞化した形で、google と最初の g を小文字で書きます。

言い換え表現
 Look it up on Google. （グーグルで調べてみて）

会話で使おう！

日・英フレーズ
おさらいクイズ!!

学んだフレーズを使って、
下線が引かれた日本語を英語で言ってみよう！

--- Q11 ---

A：はあ…

B：どうしたの、ため息なんてついちゃって

A：この前3人で一緒に遊んだゆきちゃん、覚えてる？
彼女に<u>僕のメッセージ、スルーされた。</u>

B：旅行するって言ってたから、今忙しいんじゃない？
もうちょっと待ってみなよ。

--- Q12 ---

A：実は来年、ある企業とコラボして
お菓子を作ることになったんです。

B：そうだったんですか。だから今回は
毎年恒例のおせんべいは作らないのですね。

A：<u>これはオフレコでお願いします。</u>

B：承知しました。

Answers: A11. She ignored my message.　　A12. This is off the record.

A11：フレーズ341(P208) ／A12：フレーズ363(P219)

見出し英語フレーズ　カタカナルビ一覧

見出しの英語フレーズの読み方をカタカナで表示しています。
ピンクで表示されているカタカナは強調してよみましょう。

Chapter 1　定番のフレーズ

Unit 1 家族とのあいさつ

1 Everything looks delicious.
エヴリティン ルックス デリシャス

2 Thank you for the wonderful dinner.
テンキュー フォ ザ ワンダフォ ディナー

3 Have a nice day.
ハヴァ ナイス デイ

4 See you later.
スィー ユー レイター

5 I'm home.
アイム ホウム

6 Hi! How was school?
ハイ！ ハウ ワズ スクーォ ↘

Unit 2 外出先でのあいさつ

7 I hope everything's going well with you.
アイ ホウプ エヴリティングス ゴウイン ウェォ ウィデュー

8 I was just lucky.
アイ ワズ ジャス ラキー

9 Take care.
テイッ ケァ

10 This is a nice house you've got.
ディスィザ ナイス ハウス ユーヴ ガッ

11 It's been a long time.
イツ ビナ ロン タイム

12 Thank you for your understanding and cooperation.
テンキュー フォ ヨーァ アンダスタンディンゲン コゥアパレイシュン

13 I really appreciate it.
アイ リーリ アプリシエイリッ

14 Thank you for your concern.
テンキュー フォ ヨーァ クンサーン

Unit 3 お礼・感謝

15 I'll take you up on that.
アイォ テイキュー アッポン ダッ

16 No thank you, but I appreciate the thought.
ノゥ テンキュー , バライ アプリシエイ ダ トート

17 Right back at you.
ライッ バッカッ ユー

18 Here's a little something for you.
ヒアズア リロォ サムティン フォー ユー

19 Thank you. It was a great help.
テンキュー . イロワザ グレイトゥ ヘォプ

20 I learned something new.
アイ ラーンドゥ サムティン ニュー

21 I owe you one.
アイ オウ ユー ワン

22 Thank you for taking your precious time for us.
テンキュー フォ テイキンギョーァ プレシャス タイム フォアス

Chapter 2　返事のひとこと

Unit 4 リアクション・あいづち

23 Uh-oh.
オオウ

24 I should be the one thanking you.
アイ シュッビ ダ ワン テンキンギュー

25 We help each other.
ウィ ヘォプ イーチャダー

26 Could be.
クッビー

27 I totally agree.
アイ トウタリ アグリー

28 It sucks!
イッ サックス

29 Big deal.
ビグ ディーォ

30 I messed up!
アイ メスタップ

31 I'm so happy for you.
アイム ソウ ハァピ フォー ユー

32 I'd be happy to.
アイド ビ ハァーピートゥ

33 I know how you feel.
アイ ノウ ハウ ユー フィーォ

34 It's a long story.
イツァ ロン ストーリー

35	See? スィー♪
36	Can't be! キャーン（トゥ）ビ
37	You must be kidding. ユー マス ビ キディン
38	Get out of here! ゲッラウロヴ ヒァ
39	Poor thing. プァ ティン
40	It doesn't matter anyway. イッダズン マーラァ エニウェイ
41	Oh my gosh. オウ マイ ガッシュ
42	All right! オー ライ（トゥ）
43	Lucky you. ラキー ユー
44	Facepalm. フェイスパーム
45	Where did you get that idea? ホエァ ディジュー ゲッダッライディア
46	You should take it easy. ユー シュッ テイキリーズィ
47	It happens, you know. イッ ハプンズ ユー ノー
48	You asked for it. ユー アスクトゥ フォー イッ
49	I hope you enjoy the party. アイ ホウピュー エンジョイ ダ パーリー
50	There's nothing I can say. デアズ ナティン アイ キャン セイ
51	Oh, come on. オウ，カモン
52	Look who's talking. ルック フーズ トーキン
53	I'm sorry. I didn't quite get it. アイム ソーリー アイ ディドゥン クワイッゲリッ
54	It's just your imagination. イッツ ジャストゥヨーア イマジネイシュン
55	That explains it. ダリクスプレインズィッ
56	That's so lame. ダッツ ソウ レイム
57	Same old same old. セイモォドゥ セイモォドゥ

58	You're being too modest. ヨーア ビーイン トゥ マデストゥ
59	I'd rather not. アイドゥ ラダー ナッ
60	Look. ルック
61	Please don't bother. プリーズ ドウン バダー
62	You have nice taste. ユー ハヴ ナイス テイストゥ
63	Now you're talking. ナウ ヨーア トーキン
64	You have a point once in a blue moon. ユー ハヴァ ポイントゥ ワンスィナ ブルー ムーン
65	You overestimate me. ユー オゥヴァエスティメイ（トゥ）ミー
66	There you go again. デア ユー ゴウ アゲン
67	You're making an unreasonable request. ヨーア メイキン アナンリーズナボォ リクウェストゥ
68	Health comes first. ヘォス カムズ ファーストゥ
69	You're too kind. ヨーア トゥ カインドゥ
70	Not at all. ナーラローォ

Chapter 3　感情・気持ち・性格・性質を伝えるひとこと
Unit 5 感情・気持ち

71	You played me. ユー プレイドゥ ミー
72	Today is not my day. トゥデイズ ナッ マイ デイ
73	That's hilarious! ダッツ ヒレァリアス
74	I feel so good! アイ フィーォ ソウ グー（ドゥ）
75	I was a little depressed. アイ ワザ リロォ ディプレストゥ
76	His comment was a real turnoff. ヒズ カメントゥ ワズァ リーォ ターノフ
77	Good old days. グドゥデイズ
78	I have a bad feeling about this. アイ ハヴァ バッドゥ フィーリン アバウッディス

79 This heat is killing me.
ディス ヒーリズ キリン ミー

80 Not bad at all.
ナッ バダローォ

81 I'm fed up with it.
アイム フェダップ ウィディッ（トゥ）.

82 They gave me a dirty look.
デイ ゲイ（ヴ）ミー ア ダーリー ルック

83 She gets jealous when I talk with another girl.
シー ゲッツ ジェラス ホエンナイ トーク ウィダナザー ガール

84 She's full of enthusiasm.
シーズ フロヴィンテューズィアズム

85 Give me a break.
ギ（ヴ）ミー ア ブレイク

86 I can hardly wait.
アイ キャン ハードリー ウェイ（トゥ）

87 Yesterday's news.
イェスタデイズ ニューズ

88 We have no choice.
ウィー ハヴ ノウ チョイス

89 He sometimes gets on my nerves.
ヒー サムタイムズ ゲッツォン マイ ナーヴス

90 To be honest, I don't really feel like it.
トゥ ビー アネストゥ, アイ ドウン リーリー フィーォ ライキッ

91 Jane snapped back at her boss.
ジェイン スナプトゥ バッカッ ハー バス

92 It makes me feel relaxed.
イッ メイクス ミー フィーォ リラクストゥ

93 Is this some kind of joke?
イズ ディス サム カインドヴ ジョウク♪

94 It's just what I wanted.
イッ ジャストゥ ワライ ワニドゥ

95 If I could have a fancy meal again, I could die in peace.
イファイ クダヴァ ファンスィー ミーォアゲン, アイ クッダイン ピース

Unit 6 性格・性質

96 You're so considerate.
ヨーァ ソウ クンスィダリトゥ

97 Our boss works us too hard.
アウァ バス ワークサス トゥー ハードゥ

98 I wasn't afraid of anything when I was young.
アイ ワズン タフレイ ダヴエニティング ホエナイ ワズ ヤン（グ）

99 He's a person with no delicacy.
ヒーザ パースン ウィドゥ ノウ デリカスィ

100 I always bring bad weather.
アイ オーウェイズ ブリン バード ウェダー

101 I'm the type of person who holds grudges.
アイム ダ タイポヴ パースン フー ホウヅ グラジズ

102 She's much sought after.
シーズ マッチ ソーラフター.

103 She's a character.
シーザ キャラクター

104 He's always irresponsible.
ヒーゾーォウェイズ イリスパンサボォ

105 He's out of control.
ヒーザウロヴ クントロウォ

106 He's too trusting.
ヒーズ トゥー トゥラスティン

107 She can't read between the lines.
シー キャーン（トゥ）リー（ドゥ）ビトゥウィーン ダ ラインズ

108 You never know what he's thinking.
ユー ネヴァ ノウ ワッ ヒーズ ティンキン

109 She's absent-minded.
シーズ アブスントゥ マインディドゥ

110 He's a sore loser.
ヒーザ ソーア ルーザー

111 There are all sorts of people around.
デア ラー オー ソーツォヴ ピーポォ アラウンドゥ

112 You're so wishy-washy.
ヨーァ ソウ ウィシー ワシー

113 You're so self-centered.
ヨーァ ソウ セォフ センタードゥ

114 I'm such a scatterbrain.
アイム サチャ スキャターブレイン

115 I'm a procrastinator.
アイマ プラクラスティネイター

116 You're a very tolerant person.
ヨーァヴェリ タララントゥ パースン

117 He's overcome many hardships in his life.
ヒーズ オウヴァカム メニー ハードシプス イニズ ライフ

118 She's a natural airhead.
シーズァ ナチュラォ エアヘドゥ

119 He is henpecked.
ヒーイズ ヘンペックトゥ

120 He's really annoying.
ヒーズ リーリー アノイン

121 There's nothing I like more than soccer.
デァズ ナティング アイ ライク モァ ダン サカー

122 She's always nitpicking at what people do.
シーゾーウェイズ ニッピキンガッ ホワッ
ピーポォ ドゥー

123 These clothes are really comfortable.
ディーズ クロウザー リーリー カンフォタボォ

124 She says everything she wants to say.
シー セズ エヴリティン シー ワンツ トゥ セイ

125 He always talks back.
ヒー オーウェイズ トークス バック

126 That job is really nasty.
ダッ ジャビズ リーリー ナスティ

Chapter 4　職場・学校で使うひとこと
Unit 7 職場・学校

127 How are you doing?
ハワユ ドーイン ↘

128 Have a nice evening.
ハヴア ナイスィーヴニン

129 I'm sorry to bother you.
アイム サーリ トゥ バダー ユー

130 Thank you for your time.
テンキュー フォー ヨーァ タイム

131 I think it's too late to mention this, but…
アイ ティンク イッツ トゥ レイッ トゥ メンシュン
ディス , バッ (トゥ)

132 First thing in the morning.
ファースッティンギン ダ モーニン

133 She's the right person for that job.
シーズ ダ ライッパーソン フォー ダッジャブ

134 I hope that helps.
アイ ホウプ ダッへォプス

135 This is just my rebound job.
ディスィズ ジャス マイ リバウン ジャブ

136 I'm pretty sure I did well on the exam.
アイム プリ (ティ) ショーァ アイ ディドゥ
ウェォ オン ディ イグザム

137 I'm swamped with my work.
アイム スワンプトゥ ウィドゥ マイ ワーク

138 He's a job hopper.
ヒーザ ジャブ ハパー

139 Go back to a beginner's spirit.
ゴウ バック トゥ ア ビギナーズ スピリットゥ

140 That's not possible.
ザッツ ナッ パッスィボォ

141 I failed at the last moment.
アイ フェイォダッ ダ ラス (トゥ) モウメントゥ

142 They left all their work to me.
デイ レフトーォ デア ワーク トゥ ミー

143 He considered his boss' wish.
ヒー クンスィダードゥ ヒズ バスィズ ウィッシュ .

144 Not to change the subject.
ナットゥ チェインジ ダ サブジェクトゥ

145 I'd appreciate it if you could.
アイドゥ プリーシエイリッ イフ ユー クッドゥ

146 That's very kind of you.
ダッツ ヴェリ カインダヴュー

147 I'm tied up at the moment.
アイム タイダッ (プ) アッダ モウメントゥ

148 Everything went so smoothly.
エヴリティング ウェントゥ ソウ スムードゥリー

149 It's a super deal.
イッツァ スーパー ディーォ

150 Got it.
ガリッ

151 The new smartphones are selling like hotcakes.
ダ ニュー スマートゥフォウンザー セリン ライク
ハッケイクス

152 Simply put, …
スィンプリー プットゥ

Chapter 5　人の表現・行動についての慣用表現
Unit 8 議論

153 What about it?
ホワラバウリッ ↘

154 Those are two different issues.
ドゥザー トゥー ディファレントゥ イシューズ

155 By the way, …
バイ ダ ウェイ

156 With all due respect, …
ウィドーォ デュー リスペクトゥ

157 Who do you think you are?
フー ドゥ ユ ティンキュー アー？

158 You should talk.
ユー シュッ トーク

159 Don't rub it in.
ドゥン ラビリン

160 I know it's difficult, but I still have to ask you.
アイ ノウ イッツ ディフィカォトゥ , バライ
スティォ ハフトゥ アスキュー

161 Don't get cocky.
ドウン ゲッ カキー

162 Cut the crap.
カッ ダ クラップ

163 This is ridiculous.
ディスィズ リディキュラス

164 You say one word too many.
ユー セイ ワン ワードゥ トゥ メニー

165 Here's the thing.
ヒアズ ダ ティン

166 Stop beating around the bush.
スタッ (プ) ビーティンガラウンダ ブッシュ

167 She talks like she's hinting at something.
シー トークス ライク シーズ ヒンティンガッサムティン

168 It's not what you say but how you say it.
イッツ ナッ ホワッチュー セイ バッ ハウ ユ セイイッ (トゥ)

169 That's not what you told me.
ダッツ ナッ ホワッチュー トゥオドゥ ミー

170 You're exaggerating the story, aren't you?
ヨーア イグザジャレイティン ダ ストーリー アーンチュー ↘

171 This is just between you and me.
ディスィズ ジャス ビトゥウィーン ユー エン ミー

Unit 9 行動

172 Better safe than sorry.
ベラー セイフ ダン サーリー

173 I don't want to take a chance.
アイ ドウン ワン トゥ テイカ チャンス

174 I'm really into working out these days.
アイム リーリー イントゥ ワーキンガウッ ディーズ デイズ

175 Here comes the trick.
ヒア カムズ ダ トゥリック

176 It's a piece of cake.
イッツァ ピーソヴ ケイク

177 Go easy on me.
ゴウ イーズィー オン ミー

178 He sometimes skips classes.
ヒー サムタイムズ スキップス クラスィズ

179 He's raking it in.
ヒーズ レイキンギリン

180 He still depends heavily on his parents.
ヒーズ スティオ ディペンズ ヘヴィリー オニズ ペアレンツ

181 I paid out of my own pocket.
アイ ペイダウロヴ マイ オウン パケットゥ

182 You have nothing to lose.
ユー ハヴ ナティントゥ ルーズ

183 Just nuke it.
ジャス ニューキッ

184 She's pretending to be a nice person.
シーズ プリテンディン トゥ ビア ナイス パースン.

185 Don't you have anything better to do?
ドウンチュー ハヴ エニティン ベター トゥ ドゥ ↗

186 They ripped me off.
デイ リップトゥ ミー アフ

187 Bottoms up!
バトムズ ザップ

188 I was just fooling around.
アイ ワズ ジャス (トゥ) フーリンガラウンドゥ

189 You shouldn't turn a blind eye to it.
ユー シュドゥン ターナ ブラインダイ トゥ イッ (トゥ)

190 She wants to be made much of by people.
シー ワンツ トゥ ビ メイドゥ マッチ アヴ バイ ピーポォ

191 I crashed right after I got home last night.
アイ クラシュトゥ ライラフター アイ ガッ ホウム ラス ナイト

192 I went on a shopping spree.
アイ ウェントンナ シャピン スプリー

193 It's on me.
イッツ アン ミー

Unit 10 能力・評価

194 This place is so instagrammable.
ディス プレイスィズ ソウ インスタグラマボォ

195 They treated me like a king.
デイ トリーティドゥ ミー ライカ キング

196 Her performance is impeccable.
ハー パーフォーマンスィズ インペカボォ

197 You're a natural.
ヨーア ア ナチュラォ

198 He's the real deal.
ヒーザ リーォ ディーォ

199 Not quite good.
ナッ クワイッ (トゥ) グドゥ

200 There's always someone above you.
デアズ オーウェイズ サムワン アバヴュー

201 I like your taste.
アイ ライキョア テイストゥ

202 He's good for nothing.
ヒーズ グドゥ フォー ナティン

203 He's one of the top five players.
ヒーズ ワノヴ ダ タップ ファイヴ プレイヤーズ

204 You're amazing.
ヨーア アメイズィン

205 That was absolutely sensational.
ダッ ワズ アブサルートゥリー センセイシュノォ

206 Take a look at that!
テイカ ルッカッ ダット

207 Cooking is the only thing that I'm good at.
クキンギズ ディ オウンリー ティング ダライム グダッ (トゥ)

208 She's a pseudo-fortuneteller.
シーザ スードウフォーチュンテラー

209 He underestimates you.
ヒー アンダーエスティメイツ ユー

210 It's a waste of talent.
イッツァ ウェイストゥヴ タレントゥ

211 You won't be disappointed.
ユー ウォウン ビ ディサポインティドゥ

212 There's only a subtle difference.
デアズ オウンリー ア サトォ ディファレンス

213 You're barking up the wrong tree.
ヨーア バーキンガップ ダ ロン トゥリー

214 That's kid stuff.
ダッツ キッドゥ スタフ

215 It's neither good nor bad.
イッツ ニーダー グッ ノア バドゥ

216 Everybody here is unreliable.
エヴリバディ ヒア イズ アンリライアボォ

217 They're pretty much the same.
デイアー プリッ(ティ) マッチ ダ セイム

218 It could happen to anyone.
イッ クドゥ ハプン トゥ エニワン

Chapter 6　人の理解についての慣用表現
Unit 11 励ます・いさめる

219 Enough is enough!
イナフィズ イナフ

220 Behave yourself.
ビヘイヴョーセォフ

221 I'll give them a pep talk!
アイォ ギヴ デマ ペップ トーク

222 It's not like you.
イッツ ナッ ライキュー

223 That's over-optimistic.
ダッツ オウヴァー アプティミスティック

224 You're asking for too much.
ヨーア アスキン フォ トゥー マッチ

225 Life is not that bad.
ライフィズ ナッ ダッ バッドゥ

226 Life is not that easy.
ライフィズ ナッ ダリーズィー

227 It could've been worse.
イッ クダヴ ビン ワース

Unit 12 理解

228 Please don't get me wrong.
プリーズ ドウン ゲッ ミー ロング

229 That's exactly what I want to say.
ダッツ イグザクトリ ワライ ウォントゥ セイ

230 That's just logic.
ダッツ ジャス ラジック

231 Everything fell into place.
エヴリティン フェリントゥ プレイス

232 It slipped my mind.
イッ スリップトゥ マイ マインド

233 That's a mystery.
ダッツァ ミステリー

234 There's something fishy going on.
デアズ サムティン フィシー ゴウイン オン

235 You got me.
ユー ガッ ミー

236 I thought you were someone else.
アイ トートゥ ユー ワー サムワネォス

237 That's what I thought.
ダッツ ワライ トートゥ

238 I doubt it.
アイ ダウリッ

239 It's all Greek to me.
イッツォー グリーク トゥ ミー

240 That's none of my business, but…
ダッツ ナンノヴ マイ ビズニス , バッ(トゥ)…

241 We can read each other's minds.
ウィー キャン リーディーチアダーズ マインズ

242 Don't ask me.
ドウン アスク ミー

243 I don't get the point.
アイ ドウン ゲッダ ポイントゥ

244 It's on the tip of my tongue.
イッツォン ダ ティッポヴ マイ タン

245 I'm not quite sure.
アイム ナッ クワイトゥ ショーア

Unit 13 関係性

246 It's important to put yourself in children's shoes.
イッツ インポータントゥ プッチョーセォフ イン チォドゥレンズ シューズ

247 That's what friends are for.
ザッツ ホワット フレンズ アー フォー

248 He's kind of bossy.
ヒーズ カインドヴ バスィー

249 Our relationship is stuck in a rut.
アウア リレイシュンシッピズ スタッキンナ ラットゥ

250 I feel out of place.
アイ フィーオ アウロヴ プレイス

251 We're out of the loop.
ウィーァ アウロヴ ダ ループ

Chapter 7　人の身体などについての慣用表現
Unit 14 人の身体

252 I'm totally confused.
アイム トウタリー クンフューズドゥ

253 My mind went blank.
マイ マインドゥ ウェン ブランク

254 I take my hat off to him for his effort.
アイ テイク マイ ハッロフ トゥ ヒム フォ
ヒズ エフォトゥ

255 He's wrapped around her little finger.
ヒーズ ラップタラウンドゥ ハー リロォ フィンガー

256 A quick nap will clear your head.
ア クウィック ナップ ウィォ クリア ヨーァ ヘッドゥ

257 There's always room for dessert.
デアズ オーウェイズ ルーム フォー ディザートゥ

258 I was dumbfounded.
アイ ワズ ダムファウンディドゥ

259 It's cheaper in the long run.
イッツ チーパー イン ダ ロング ラン

260 He completely changed his attitude.
ヒ クンプリーッリー チェンジドゥ ヒズ アティテュードゥ

261 His performance grabbed my heart.
ヒズ パーフォーマンス グラブドゥ マイ ハートゥ

262 You should cool off.
ユー シュッ クーロフ

263 She won't listen to anyone.
シー ウォウントゥ リッスン トゥ エニワン

264 Are you out of your mind?
アー ユー アウロヴ ヨーァ マインドゥ ♪

265 It's just a pain in the neck.
イッツ ジャスタ ペインニン ダ ネック

266 I'm desperate for the information.
アイム デスパリットゥ フォ ディ インファメイシュン

267 Brain freeze!
ブレイン フリーズ

268 Don't judge people by appearances.
ドウン ジャッジ ピーポォ バイ アピアランスィズ

269 The scales fell from my eyes.
ダ スケイォズ フェォ フラム マイ アイズ

270 I'm up to here!
アイマップ トゥ ヒア

271 It drives me crazy.
イッ ドライヴズ ミー クレイズィ

272 I was like "What?"
アイ ワズ ライクワットゥ ♪

273 His smug face irritates me.
ヒズ スマグ フェイス イリテイツ ミー

274 I feel stressed out.
アイ フィーオ ストレスタウトゥ

275 They turned a cold shoulder on me.
デイ ターンダ コウォドゥ ショウォダー アン ミー

276 I can't say it no matter what,
アイ キャントゥ セイ イットゥ ノウ マター ホワットゥ

277 That's news to me.
ダッツ ニューズ トゥ ミー

278 You talk big.
ユー トーク ビッグ

279 He gave me a supportive push on the back.
ヒー ゲイ（ヴ）ミー ア サポーティヴ プシォン
ダ バック

Unit 15 程度・時間

280 We're getting nowhere.
ウィーァ ゲティン ノウホウェア

281 Everything was kicked into the long grass.
エヴリティン ワズ キックティントゥ ダ ロングラス

282 That's a groundless rumor.
ダッツァ グラウンドゥレス ルーマー

283 My girlfriend cancelled on me again at the last minutes.
マイ ガーオフレンドゥ キャンソォドゥ アン ミー
アゲン アッ ダ ラスト ミニットゥ

284 Time just flew.
タイム ジャス フルー

285 The list goes on.
ザ リスト ゴウズ アン

286 Let's make it clear.
レッツ メイキッ クリア.

287 That happens all the time.
ダッツ ハプンズ オー ダ タイム

288 That's just the tip of the iceberg.
ダッツ ジャスダ ティッポヴ ディ アイスバーグ

289 Before anyone knew what was happening, the thief had run away.
ビフォー エニワン ニュー ホワットゥッ ワズ ハプニング　ダ ティーフ ハドゥ ランナウェイ

290 I can't help getting old.
アイ キャーン（トゥ）ヘォプ ゲティンゴウォドゥ

291 It's not impossible.
イッツ ナッ インパスィボォ

292 That's a drop in the bucket.
ザッツァ ドラッピン ダ バケットゥ

293 I'm stuck.
アイム スタック

294 The movie had a surprise ending.
ダ ムーヴィ ハダ サプライズ エンディン

295 I've been around the block.
アイヴ ビーン アラウンダ ブラック

296 I want to eat a lot of meat today.
アイ ワントゥ イーラローラヴ ミート トゥデイ

297 Let's splurge tonight.
レッツ スプラージ トゥナイトゥ

298 Could you give me a rough estimate?
クジュー ギ（ヴ）ミ ア ラフ エスティミトゥ↗

299 I'll whip something up for you.
アイォ ウィップ サムティンガップ フォ ユー

300 She speaks clearly.
シー スピークス クリアリ

301 I have a sharp pain in my knee.
アイ ハヴア シャーペイン イン マイ ニー

302 My wife will probably hit the ceiling.
マイ ワイフ ウィォ プラバブリ ヒッダ スィーリン

303 I'm starving.
アイム スターヴィン

304 Your skin is nice and smooth.
ヨーア スキン イズ ナイス エン スムードゥ

305 You have silky and smooth hair.
ユーハヴ スィォキー エン スムードゥ ヘア

306 It's drizzling outside.
イッツ ドゥリズリン アウトゥサイドゥ

307 He makes my heart ache.
ヒー メイクス マイ ハートゥ エイク

308 I'm melted by his looks.
アイム メォティドゥ バイ ヒズ ルックス

309 Stop acting lovey-dovey in public
スタップ アクティン ラヴィーダヴィー イン パブリック

310 A cat snuggled up to me.
ア キャットゥ スナゴォダップ トゥ ミー

311 He scarfed down everything on his plate.
ヒー スカーフトゥ ダウン エヴリティン アン ヒズ プレイトゥ

312 I love an ice-cold beer on a hot day like today.
アイ ラヴァン アイス コウォドゥ ビア オンナ ハッデイ ライク トゥデイ

313 He is a little too forward.
ヒー イズア リロォ トゥー フォーワドゥ

314 Don't worry too much.
ドゥン ウォーリー トゥー マッチ

315 Water is dripping from the faucet.
ワーラー イズ ドリピン フラム ザ フォースィッ（トゥ）

316 They just got married.
デイ ジャスト ガッ メアリドゥ

317 My heart is beating so fast.
マイ ハーティズ ビーティン ソウ ファストゥ

318 My hands are sticky.
マイ ハンズ アー スティキー

319 The salesclerk kept staring at me.
ダ セイォズクラーク ケプトゥ ステアリンガッミー .

320 The door squeaks every time I open it.
ダ ドーア スクウィークス エヴリタイム アイ オウプニットゥ .

321 Dig in.
ディギン .

322 I can't get over her.
アイ キャーン（トゥ）グロウヴァー ハー

323 Flies buzzed all around my head.
フライズ バズドゥ オー アラウンドゥ マイ ヘッドゥ

324 She has a big mouth.
シー ハザ ビッグ マウス

325 The windows rattled in the wind.
ダ ウィンドゥズ ラロォドゥ イン ダ ウィンドゥ

326 We went on a binge last night.
ウィ ウェントンナ ビンジ ラス（トゥ）ナイ（トゥ）

327 We all had different opinions.
ウィ オー ハド ディファレントゥ アピニアンズ

328 There was a strained atmosphere in the meeting.
デア ワズ ア ストレインドゥ アトマスフィア イン ダ ミーティン

329 I feel worn out.
アイ フィーォ ウォーナウトゥ

330 You have a shiny new car.
ユー ハヴァ シャイニー ニュー カー

331 My room is kind of messy.
マイ ルーミズ カインドヴ メスィー

332 I feel kind of dizzy.
アイ フィーォ カインドヴ ディズィー

333 The train was almost empty.
ダ トゥレイン ワズ オーモウストゥ エンプティー

334 I just stayed home and took it easy.
アイ ジャス ステイドゥ ホウム エン トゥッキトゥ イーズィー

335 Stop grumbling.
スタップ グランブリン

336 You're so sharp today.
ヨーァ ソウ シャープ トゥデイ

337 What are you waiting for?
ホワラーユー ウェイティン フォー ↘

Chapter 9　カタカナ英語と本当の英語
Unit 17 和製英語

338 That company has sweatshop-like environments.
ダッ カンパニー ハズ スウェッシャップ ライク インヴァイアランメンツ

339 We always have to handle customer complaints.
ウィ オーウェイズ ハフ トゥ ハンドォ カスタマー クンプレインツ

340 Let me take a picture of you two together.
レッ ミー テイカ ピクチャー アヴュー トゥー トゥゲダー

341 She ignored my message.
シー イグノーァドゥ マイ メスィジ

342 He does things at his own pace.
ヒー ダズ ティングズ アッ ヒズ オウン ペイス

343 He has great charisma.
ヒー ハズ グレイトゥ カリズマ

344 You're wearing casual clothes today.
ヨーァ ウェアリン キャジュォ クロウズ トゥデイ

345 Many employees were fired from their jobs last year.
メニー エンプロイーズ ワー ファイアードゥ フラム デア ジャブズ ラストゥ イアー

---

346 We don't wear jackets and ties in our company.
ウィ ドウン ウェア ジャケッツ エン タイズ イン アウア カンパニー

347 This is an excellent business opportunity.
ディスィズ アン エクセレントゥ ビズニス アパテューニティー

348 I'll definitely win next time.
アイォ デフィニ（トゥ）リー ウィン ネクス タイム

349 This restaurant is popular among super rich people.
ディス レストゥラントゥ イズ パピュラー アマング スーパ リッチ ピーポォ

350 Can you help the younger guys with their work?
キャニュー ヘォプ ダ ヤンガー ガイズ ウィッデア ワーク ♪

351 I passed my job on to my son.
アイ パス マイ ジャブ アン トゥ マイ サン

352 I was harassed by my boss.
アイ ワズ ハラストゥ バイ マイ バス

353 That can improve the company's image.
ダッ キャン インプルーヴ ダ カンパニーズ イミジ

354 That's the major problem.
ダッツ ダ メイジャー プラブレム

355 There are many advantages to it.
デアラー メニー アドヴァンティジズ トゥ イッ

356 I got a flat tire.
アイ ガラ フラッタイア

357 It depends.
イッ ディペンズ

358 I'm so excited.
アイム ソウ イクサイティドゥ

359 Tough times bring opportunities.
タフ タイムズ ブリン アパテューニティーズ

360 He already has a lot of experience.
ヒー オーレディ ハズァ ラーラヴ イクスピエリエンス

361 Do your best to make your dream come true.
ドゥー ヨーァ ベストゥ メイキョーァ ドゥリーム カム トゥルー

362 Improve your mental strength.
インプルーヴ ヨーァ メンタォ ストレンクス

363 This is off the record.
ディスィズ オフ ダ レカードゥ

364 That's completely out of the question.
ダッツ クンプリー（トゥ）リー アウロヴ ダ クウェスチュン

365 Just google it.
ジャス グーグリッ（トゥ）

230

英語さくいん

日英フレーズのうち英語のフレーズをアルファベット順に並べた索引です。
フレーズの検索や覚えたかどうかの確認にご利用ください。

日 本 語 さ く い ん

日英フレーズの日本語をあいうえお順に並べたさくいんです。
フレーズの検索や覚えたかどうかの確認にご利用ください。

238

著者紹介

山崎 祐一 — Yamasaki Yuichi

長崎県出身。カリフォルニア州立大学サンフランシスコ校大学院修了。現在、長崎県立大学教授。専門は英語教育学、異文化コミュニケーション。日米の国際家族に育ち、言葉と文化が不可分であることを痛感。アメリカの大学で講義を9年間担当。数々の通訳業務や映画の翻訳にも携わり、依頼講演は800回を超える。NHK総合やTBSなど、テレビや新聞等でも英語教育や異文化理解に関する解説やコメントが紹介される。TOEFL (PBT) 673点（TOEIC換算990点）、TSE (Test of Spoken English) スピーキング・発音部門満点、TWE (Test of Written English) 満点。著書に『瞬時に出てくる英会話フレーズ大特訓』『世界一やさしい すぐに使える英会話超ミニフレーズ300』『ネイティブが会話で1番よく使う英単語』『ゼロからスタート英会話 英語の気くばり・マナーがわかる編』（以上、Jリサーチ出版）など。

カバーデザイン‥‥‥‥‥‥‥‥‥ 滝デザイン事務所
本文デザイン／DTP ‥‥‥‥‥ トライアングル（広瀬恵美）
カバーイラスト‥‥‥‥‥‥‥‥‥ みうらもも
本文イラスト‥‥‥‥‥‥‥‥‥‥ 村山宇希
CD録音・編集・制作 ‥‥‥‥‥ 高速録音株式会社

本書へのご意見・ご感想は下記URLまでお寄せください。
https://www.jresearch.co.jp/contact/

ゼロからスタート 日・英くらべてわかる 英会話

令和3年（2021年）1月10日 初版第1刷発行

著　者　山崎祐一
発行人　福田富与
発行所　有限会社 ジェイ・リサーチ出版
　　　　〒166-0002 東京都杉並区高円寺北2-29-14-705
　　　　電　話 03(6808)8801(代)　　FAX 03(5364)5310
　　　　編集部 03(6808)8806
　　　　https://www.jresearch.co.jp
印刷所　株式会社シナノパブリッシングプレス